湛庐CHEERS

与最聪明的人共同进化

HERE COMES EVERYBODY

罗宾逊谈教育的使命

Imagine If...

[英] 肯·罗宾逊（Ken Robinson）
凯特·罗宾逊（Kate Robinson） 著

陈堃 诗霖 译

浙江教育出版社·杭州

KEN
ROBINSON

肯·罗宾逊

- 享誉全球的教育家
- 播放量第一的TED演讲人

肯 · 罗宾逊出生于英国利物浦的一个普通工人家庭，有 6 个兄弟姐妹。他父亲在一次工伤事故后瘫痪。更不幸的是，罗宾逊在 4 岁时患上了脊髓灰质炎。

在克服重重困难后，罗宾逊于 1968 年考入利兹大学布勒顿霍尔教育学院学习英语和戏剧。1981 年，罗宾逊进入伦敦大学研究教育戏剧和教育剧场，并获得博士学位。此外，他还获得了美国罗得岛设计学院等众多大学的名誉学位。

1989—2001 年，罗宾逊任英国华威大学教育学教授。1998 年，他在英国组建了一个关于创造力、教育与经济的委员会，并发表了一篇极富影响力的报告《我们未来的全部：创造力、文化和教育》（*All Our Futures: Creativity, Culture and Education*）。

罗宾逊的足迹遍布欧洲、美洲和亚洲，合作对象既有各国政府和教育部门，也有知名的国际文化组织和世界 500 强企业。2011 年，罗宾逊被《快公司》评为“创造力和创新领域的全球杰出思想家”。

播放量排名第一的TED演讲人

罗宾逊极具演讲才华，他凭着对教育、创造力和人类潜能的深刻理解以及幽默的演讲风格彻底征服了观众。罗宾逊已成为当今播放量排名第一的TED演讲人。

在新的全球经济环境下，“商业和教育在创造力方面所面临的挑战”成为罗宾逊TED演讲的主题。罗宾逊就此进行过三次TED演讲，分别是2006年的《学校扼杀创造力？》（*Do Schools Kill Creativity?*）、2010年的《推动学习革命》（*Bring on the Learning Revolution*）和2013年的《如何逃离教育的死亡谷》（*How to Escape Education's Death Valley*）。

2010年，英国皇家艺术、制造与商业促进会把罗宾逊关于教育变革的演讲制成了视频动画。这个视频动画上传到YouTube后的第一周，观看人次就直逼50万，到2013年12月，总观看人次已超过2 000万。

在2013年的TED演讲《如何逃离教育的死亡谷》中，罗宾逊提出了实现人类繁荣的三大关键原则。

《学校扼杀创造力？》这一演讲创造了TED大会自创立以来观看人次最多的纪录。截至2022年4月，全球通过TED网站观看这一演讲的人次超过了7 200万。

“全球最具影响力的50大商业思想家”之一

由于在教育、艺术和文化交流方面的突出成就，罗宾逊获得了雅典娜奖、皮博迪奖、乐高奖、本杰明·富兰克林奖等众多奖项。

2003年，罗宾逊因在艺术服务方面的杰出贡献而被英国女王伊丽莎白二世封为爵士。2005年，他被《时代周刊》《财富》和美国有线电视新闻网（CNN）评为“主

流之声”（Principal Voices）。

罗宾逊认为，教育必须服务于三个目标：第一，教育应该向多样化方向发展；第二，教育应该通过创造性教学培养学生的好奇心；第三，教育应该致力于唤醒学生的创造力。2011 年，由于在教育和创造力培养方面的先进理念与独到见解，罗宾逊入选“全球最具影响力的 50 大商业思想家”排行榜。

为了更广泛地传播自己的先进教育理念，罗宾逊写作并出版了 6 本畅销书，其中《罗宾逊谈教育的使命》成为他生命的绝唱。2020 年 8 月 21 日，在经历了与癌症的短暂斗争后，这位曾用自己的教育创新理念震撼了无数人的教育家安详地辞世，享年 70 岁。但他的思想还将继续影响全球所有关心与支持教育的人。

—— 罗宾逊教育创新系列 ——

作者演讲洽谈，请联系
BD@cheerspublishing.com

更多相关资讯，请关注

湛庐文化微信订阅号

献给父亲——我的英雄，

以及他鼓舞过的每一个人

关于教育的使命和目的，你了解多少？

扫码鉴别正版图书，
获取您的专属福利。

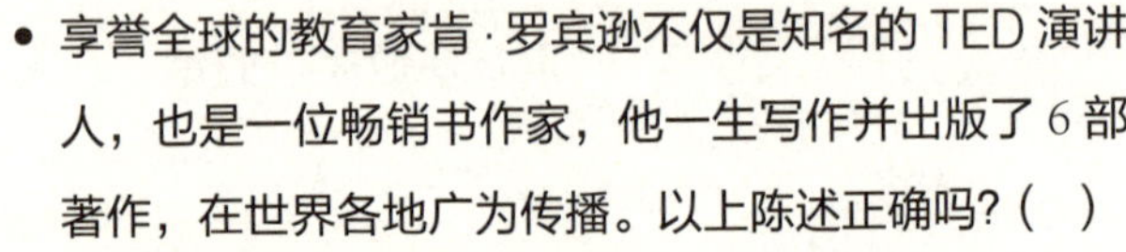

- 享誉全球的教育家肯·罗宾逊不仅是知名的 TED 演讲人，也是一位畅销书作家，他一生写作并出版了 6 部著作，在世界各地广为传播。以上陈述正确吗？（ ）

  A. 正确

  B. 不正确

扫码获取全部测试题及答案，
了解罗宾逊爵士的教育思想及理念。

- 为了培养多样性人才，教育应像以下哪种系统？（ ）

  A. 农业系统

  B. 工业系统

  C. 生态系统

  D. 网络系统

- 教育应致力于培养学生的 8 个关键能力，以下哪项不在其中？（ ）

  A. 批判性思维

  B. 沟通能力

  C. 公民意识

  D. 工匠精神

扫描左侧二维码查看本书更多测试题

序　言

这个时代最关键的问题

我们应该如何教育孩子？

面对这个问题，我们世世代代一直在犯错，而现在比以往任何时候都更迫切地需要纠正这些错误。世界正在发生革命性的变化，生态环境、科技和经济与过去相比都已经翻天覆地，为了应对这些变化，我们急需一场教育革命。

我从事教育工作已有50多年。在此期间，很多事情变了，也有很多事情没变。我在职业生涯的大部分时间里，一直致力于推动教育的根本变革，以使更多人有机会过上他们应得的生活。孩子们生来就有无限的潜力：他们会变成什么样的人，与他们接受教育的方式有很大关系。教育对人们的生活有两方面作用：帮助他们发展自己的天生能力，并在这个世界上找到属于自己的道路。但在太多时候，我们的教育在这两方面都毫无成效。

长期以来，我一直在就这些问题而写作、演讲和宣传：参与世界各地的诸多倡议活动，撰写大量出版物，还做过数千场报告。经常有人问我，如果把所有这些总结起来，我所推动的教育的具体变化是什么？我为什么这么做？本书正是我对以上问题的回答。关于我们面临的挑战、需要的变革以及可以采取的行动，我将在本书中呈现自己的一些简单看法。

序言

这个时代最关键的问题

本书有三大主题。

- 第一，作为个人和群体成员，作为人类这个物种，我们生活在变革的时代，面临着前所未有的挑战。这些挑战主要是我们自己带来的，这意味着我们可以做些什么来应对它们。
- 第二，如果我们要做些什么，就必须以不同的方式思考孩子和我们自身。
- 第三，我们必须在教育、工作和社区中以不同的方式行动。

如果你读过我的其他作品，那么对这本书的观点和语言风格一定不会感到陌生，毕竟它是我诸多旧作的提炼；如果你没读过，我希望你去翻一翻，其中有大量的证据和实例，可以帮助你理解我在为何事而努力；如果你实在没有时间看那么多，只读这一本也就够了，它是我作品和思想的总结。我希望你能觉得它发人深省而且确有裨益。因为，这本书所谈论的话题在这个时代真是再重要不过了！

肯·罗宾逊

2019 年 10 月于美国洛杉矶

序言二

写给人类潜能的一封情书

法国哲学家、数学家布莱瑟·帕斯卡（Blaise Pascal）有一句名言：“写信的时候，我总想写得更短、更简练，但我没有时间。”据说，马克·吐温、温斯顿·丘吉尔、约翰·洛克、伍德罗·威尔逊和本杰明·富兰克林等人也都有过类似的表达。我相信他们都说过这样的话。读完这本书之后，我便彻底理解了他们的意思：没有比用简短的文字表述丰富的思想更困难的事情了。

你捧在手里的这本书，它的作者特意使其简明扼要，但它包含了作者一生的辛苦与心血。这不是普通的一生，而是启发、鼓励和支持数百万人的一生。这位作者向全世界的人保证：不是他们或他们所爱的人有问题，而是他们身处的这个系统有问题。我很幸运，这位作者就是我的父亲。

父亲有着惊人的天赋，而他也确实是个天才，是个罕见的综合体：他能言善辩、敏锐有趣、谦逊且善良。世上很多人在与别人交流时总会不断分心，而父亲无论与谁交谈，都一直认真投入。这是他与很多人不同的特质。父亲能够让每个遇见他的人都觉得自己很特别，因为父亲有个诀窍：他能看到每个人的闪光点。只要待在他身边，你就知道自己正在跟一个非同寻常的人相处。但事实上，直到他去世，我才明白他是世间少有的那种人。我只能用我的余生来接受他真的已经离开这个现实，我也将奉献余生以使他的工作得以延续。因为，世界从未像现在这样需要他的教诲。

父亲这部遗著的核心就像写给人类潜能的一封情书。当然，它深刻地批评了许多我们认为理所应当的制度，毫不妥协地揭露了其中的诸多缺陷。归根结底，它是一个宣言：我们有能力做得更多。

IMAGINE IF……

我们每个人都是才能和财富的源泉，如果我们致力于培养自身的这种潜力，而不是系统性地压制它，那么对所有人来说，世界都将变得更好。

父亲把他的一生都奉献给了这一愿景。他在 2017 年开始着手写这本书，而他实际开始写作的时间要更早。我相信他肯定会说，他甚至在出生之前就已经开始写了。父亲曾说他的论点并不新鲜，因为这些论点自古以来深深植根于教育和学习的历史之中。这些论点基于那些始终激励、启发人类的原则，我们却早已将其置之脑后。因此，父亲继承的是这一悠久传统，而我很荣幸能与他并肩作战。

我有幸与父亲一起工作过好多年。2020 年夏天，当我和家人收到父亲的病情预后时，我向父亲承诺：我将奉献余生来继续他的工作。在父亲生命最后的日子里，我和他的大部分时间都在谈论接下来该做什么，并一起为完成这本书而努力。

那些日子的记忆会永远留在我的心中。

显然，我继续推进这本书的写作项目，既是希望从父亲留下的话语和传达的信息中找到安慰，也要面对再也无法向他请教疑问、聆听教诲而带来的痛苦，这种经历确实非常独特。在过去的几个月里，我失去了敬爱的父亲，又试图让失去了他的世界变得更好。所有这些，我都没有做好准备。但是，在这一切的困惑、疑问、激励和悲伤中，有一盏朴素的指路明灯：父亲相信我可以做到，他相信我们都能做到。

一开始，这本书只是父亲诸多作品的节选。如今，它的意义远不止于此——它寄托着一个人一生的使命，它向父亲所激励的数百万人以及他将激励的更多人吹响集结号，以继续为我们迫切需要的变革而奋斗。革命正在进行，我们需要像我父亲那样，看到每个人的潜力，以及所有人的集体潜力。

想象一下，如果我们利用难以置信的集体才能创造一个世界，其中每个人都对自己的独特才能有深刻理解；想象一下，如果我们建立的系统能够提升自己，而不是压制自己；想象一下，如果我们拥抱自身多样性，而不是逃避它们……我们已经来到一个历史转折的关头，重复和延续以往的做法不是唯一选择，我们应该做得更好。就像以往一样，它始于我们每个人的立场。

想象一下，如果……

凯特·罗宾逊

2021 年 6 月于英国温莎

目　录

引　言

创造力使我们受益无穷，它给我们带来舒适的生活、健康的身体和复杂的文化，现在，它又把我们带到了一个临界点。

把握教育的临界点

嘿，你也在这里。对你来说，今天可能平淡如常，也可能有些不同。你或许正在熟悉的环境中日复一日，也可能正在一个全新的地方做着从未做过的事。无论如何，你都在这里——在我们共同生活的这个世界上，你是其中活生生的一员。

无论你现状如何，你能看到、嗅到和触到的东西以及你周遭的一切都异于前人。即使你坐在自家的百年老屋中，你的祖先也难以理解你身边的情形。你的远祖甚至无法理解书籍，更不必说阅读了。他们的后代，也就是离你更近一些的祖先，会被“大规模生产”和“出版”这样的概念所震撼。他们的后代和他们的后代的后代，一直到你的曾祖父母，都会被电子阅读器、笔记本电脑和智能手机所震撼。现在你应该明白：纵观人类历史，世界一直在发展、演化和进步，而且速度越来越快。而我们，就是其中的原因和动力。

在本书之后的章节中，你会看到，是什么使得人类与地球上的其他生物如此不同。我们将着重说明，为何你周遭的世界是这样的，以及它是如何变成这样的。我们还会讨论，许多我们身处其中的“系统”是如何偏离目标的。而教育，就是其中一个重要的系统。

引言

把握教育的临界点

教育有可能从根本上改变一个孩子的生命轨迹，使之变得更好。对各种背景、各种类型的孩子来说都是如此。但是，好的教育不会自动发生，也不经常出现。教育行业遍布优秀、敬业、充满热情的教师，但他们的价值往往被低估。教师们在这个系统中工作，这个系统却压抑着他们的自由，而只有自由能够使他们做出自主决定，并真正产生积极影响。教育对孩子的影响与他在什么样的学校、遇到什么样的教师密切相关。很多时候，教育没有鼓舞年轻人，反而使他们士气低落，并剥夺了他们在生活中取得成功的机会。造成这些现象的原因，与当前教育系统的演变方式有关。

世世代代以来，教育一直倾力于“学术能力”这一狭隘的范畴，因此忽视了年轻人的天赋及其多样化的兴趣。此外，世界各国政府一直在花费巨资“改革”教育以“提高标准”。可惜，这些努力大都在以惊人的方式浪费时间、精力和金钱，因为它们大多基于对儿童、学习以及我们实际生活的这个世界的错误假设。孩子本就拥有创造力、同情心、公民意识、协作能力和批判性思维，这些都是创造一个更加公平和可持续发展的世界所需要的重要能力，而那些所谓的“改革”却将这些能力置于边缘。

当我们面对一个日益狂热的未来时，解决方案不是沿着老路更认真地走下去，而是另辟蹊径。我们必须审视自身所处的位置，并从根本上重新思考如何前进；我们必须迫切地对教育和学校重新进行设想。

IMAGINE IF...

生活总是变动不居，但无论从哪个角度来看，我们现在面临的挑战都与以往不同。教育不是这些危机的唯一原因，但它与这些危机有着密切关系。

引言
把握教育的临界点

1934 年，心理学家让・皮亚杰（Jean Piaget）说：“**只有教育能够使我们的社会免于可能的崩溃，无论是暴力的还是渐进的崩溃。**”历史为此提供了许多案例。有远见的小说家赫伯特・乔治・威尔斯（Herbert George Wells）甚至更尖锐地指出了这一点，他说：“文明是教育与灾难之间的竞赛。”历史一再证明，他们都是对的。

你可能已经注意到，这本书是一部小札，我认为它更像一封长信。这意味着它会在较短的篇幅中涵盖很多内容。如果你熟悉我的工作，可能会发现本书的文字似曾相识；如果你不熟悉，并且对其中的内容有疑问，我建议你去看看我的其他作品——它们更深入地探讨了本书涉及的话题，并展示了发生在世界各地的、关于我所主张的变革的具体事例。

你将读到的是一份紧急请求：请求大家停下来，重新评估并纠正既有的航向。我们过去的行为已经使我们来到了一个弊大于利的临界点，我们正在全方位地剥夺地球的自然资源，并剥夺我们自己的人力资源。如果听之任之，我们和后代将不再拥有健康的地球家园，而我们用于创造美好未来的才能也将不复存在。没错，我们正面临着极大的风险，好在我们仍然拥有使其变好的能力与资源。

IMAGINE IF..........

第 1 章

想象力：
人类潜能的源头

想象力是人类和其他生物的根本区别之一。我们既然能够用想象力创造赖以生活的世界，也就能够用想象力来重塑它。

第 1 章
想象力：人类潜能的源头

人类独有的想象力

从许多方面来看，我们人类与地球上大多数其他生命是一样的。我们由血肉之躯组成，我们的生命取决于地球提供了什么。如果一切顺利，我们会从微小的“种子”开始成长，经过婴儿期和成熟期，直到老年期，甚至更久。一方面，我们与所有生物一样依靠地球的恩惠而生存，条件适宜的时候就能生存和发展，条件恶劣的时候则会枯萎和消亡。然而，另一方面，我们与周围其他生命又有显著不同，那就是我们拥有独特的想象力。**正是由于想象力，我们可以不像其他生物那样生活，而是可以创造自己生活的世界。**

并不是说其他生物没有任何形式的想象力，但肯定没有一种生物能够展示出人类这种复杂的想象力。有些动物也能以自己独特的方式交流，但没有一种生物拥有人类这样精湛的语言；有些动物可能也会“唱歌跳舞”，但它们不会表演诗朗诵、多幕芭蕾舞剧或协作开展“快闪”活动；有些动物可能也会凝视夜空，但它们不会估算黑洞的负能量，也不会制造神奇的宇宙飞船去太空中旅行。而所有这些，人类都会。人类是地球有史以来生存过的最具创造力的生物。相比古老的宇宙，人类的生命如同小鸟拍打翅膀的瞬间一样短暂。然而，人类被赋予了强大的想象力，我们可以用它来超越空间和时间的限制。

第 1 章
想象力：人类潜能的源头

许多事物是我们的感官无法立即感受到的，而想象力可以使它们浮现在脑海中。通过想象，我们可以跳出此时此地的限制去推测和假设，可以重温过去、预测未来，还可以像别人一样“观看”或“感受”。

想象力是多个层面的。

- 首先，想象力让人从真实经历当中提炼并回想一系列图景，如母亲头发的颜色或昨天的午餐。
- 其次，想象力使人能够设想那些从未见过或经历过的事物，如一只穿旱冰鞋的绿狗，或者下一个假期的计划安排。
- 最后，想象力能把想象的经历与真实的经历混淆在一起，让人如同身处生动的梦境或幻觉中。想象力使我们能够设想、塑造并建构未来。

创造力是对想象力的应用

你可以整天想象而不行动，当然，那样也就不会有任何改变发生。为了不让想象力只是一种空想，我们需要更进一步的能力——创造力。想象力和创造力经常被互换使用，但它们并不是一回事。**如果说想象力是把感官没有感受到的东西带入脑海的过程，那么创造力就是把想象力付诸实践的过程，它是在应用想象力。**

IMAGINE IF…

想象力使我们能够设想其他可能，创造力则使我们将可能变为现实。

我把创造力视为一种产生原创想法的过程。关键在于，它既然是一个过程，就意味着它包含不同方面的关系。**创造力涉及两个方面的相互碰撞：产生想法和评估想法。**它要在这两者之间来回切换——产生一个新的想法，马上试用、评估，然后利用评估再产生另一个新的想法，或者修正原来的想法，接着又试用新版本的想法并继续评估，如此循环往复。

无论最终产品是艺术品还是科学发现，抑或是食谱，在最开始，创造者都很少以成品形式对其进行构思。更多的时候，想法并不成熟，会被打破和调整，甚至被报废和放弃，又在最终产品诞生之前以新的形式复活。即使是伟大的人物也要经历这个过程，据说达·芬奇花了 4 年时间才完成《蒙娜丽莎》，而美国作家和诗人马娅·安杰卢（Maya Angelou）在讲述她的写作过程时说："我不断推敲文字，耗时良久，才使作品宛如歌唱。"在这个过程中，想法是脆弱不堪的，一个有潜力的想法如果被过早地批评、否定，可能就会被破坏得无法修复。对这一过程的误解使许多人丧失信心，认为自己没有创造力。

创造力是所有人与生俱来的能力。环顾四周，那些独特且令人眩目的文明成就，其核心就是想象力和创造力。依靠它们，我们发明、发现或创造出无数种语言、优雅的数学体系、深具启示性的科学、富有革命性的技术、错综复杂的经济、令人深思的艺术形式以及广泛的文化信仰与实践。

创造力是呼唤与回应

有个流传甚广而且信众颇多的谬论：“我们的生活是线性的。”它声称我们的人生有如一条向前延伸的直线，从出生到长大再到入学，如果努力学习并通过考试，就能顺利毕业并进入大学。在大学里，如果继续努力学习，就能获得学位并顺利就业。一旦开始就业，只要我们努力工作，就会沿着成功的阶梯一路向上。有一天，我们会退休，然后无忧无虑地过日子，享受美好的晚年生活。

虽然这个故事很美好，但它在大多数时候是假的。对一小群人来说，生活可能是这样的。我们可能都是从婴儿开始，以彼此大致相同的速度成长，在成长过程中的某些时刻达到一些里程碑式的目标。但实际生活远比这个故事复杂、坎坷得多。对大多数人来说，只有当自己坐下来写简历的时候，生活才会显得如此有序且充满目标。这时我们会尽最大努力来掩盖一直存在的混乱，以便让自己看起来像是在遵循一个精心设计的生活计划。

这个故事没有考虑到人生中的那些高潮和低谷、颠簸和曲折、死胡同和回头路，以及在新的方向上重新开始、跌倒了又爬起来的坎坷，也没有考虑到意外的机会、冲动的决定、学习和发展、种种不受控制的情况，以及我们从所有这些经历当中获得的成长。生活很少是在平面上匀速绘制的直线。真实的生活更像一幅美丽的涂鸦，笔触在平面上循环往复。尽管生活是复杂且不可预测的，但是我们拥有想象力和创造力，因而能够驾驭它。

正是由于人类在地球上的数十亿次涂鸦交织在一起，我们的世界才是现在的样子。作为一个物种，我们不断地创造新工具和新技术来丰富自己的阅历——无论是斧头、鱼竿、车轮、汽车还是智能手机。我们最强大的资产之一是有能力在他人的成果之上继续工作，还有能力与他人协作。当蒂姆·伯纳斯-李（Tim Berners-Lee）发明万维网时，从一开始他就站在前人的肩膀上，利用了前辈和同行的思想与成果。他当时的主要目标是帮助学者分享自己的工作与成果，但他不可能料想得到，这一发明会以何种方式改变我们熟悉的生活，而且几乎改变了生活的方方面面。万维网这一发明又在其他人的头脑中点燃了火花，他们继续带着这些思想与发明向前奔跑。这又为更多人奠定了基础——从经营数十亿美元业务的连续创业者，到在游戏《我的世界》（*Minecraft*）中从零开始构建世界的 7 岁儿童，再到为自己的作品寻找市场的家庭手工艺人。

突破性的技术总会带来意想不到的结果。当约翰内斯·谷登堡在 1450 年完善印刷机时，他不会想到，这种机器将在一个世纪之后推动宗教改革。而他最初的目的只是想开创一个有利可图的小生意而已。迈克尔·法拉第在 19 世纪 20 年代探索电磁学时，并没有预料到核电站或死亡金属音乐的出现。发明机动车的先驱们也没有预见水力压裂法的出现或全球变暖的发生。史蒂夫·乔布斯和他的团队在 2006 年为苹果手机解决技术问题时，也没有预见如今数以百万计的应用程序和社交媒体让人喜忧参半的状况。他们怎么可能预见得到这些呢？创造力和文化的运作方式已然决定，他们不可能预见这一切对未来的影响。

IMAGINE IF……

创造力是呼唤和回应：一个想法可以催生其他人头脑中更多的想法。

进化的关键节点

人类与地球上的其他生命有很多相似之处，这些相似之处甚至比我们愿意承认的还要多。我们身体的进化速度与其他动物相同；我们的文化正以指数级的方式进化，而其他物种却没有表现出这样的能力。今天，人类社会和文化的变化速度是前所未有的。在不到一代人的时间里，我们的生活方式已经翻天覆地。我们比从前任何一代人都联系紧密，动动手指就能获取信息，虚拟生活越来越像真实生活。人类的迁徙也越来越频繁，越来越方便，我们在一个地方出生，却很有可能在其他地方成长和生活。我们已经形成了对周围世界的想法，因此能够调整这些想法以满足自身的需求。在人类生活的数十个世纪里，我们塑造了自身又重塑了自身。在此过程中，人类已经到达了进化的一个关键节点。现在，是时候好好思考一下我们到底创造了一个怎样的世界，以及在这样的世界上，人之为人的意义。

IMAGINE IF……

第 2 章

临界点：
人类历史三大问题的交会

人类世界由思想、信仰和归属于人类想象与文化的价值观所塑造。但同时，大自然也参与塑造了这个世界，而且参与程度不亚于人类自身。

第 2 章
临界点：人类历史三大问题的交会

在茫茫的宇宙中，地球只是无数闪烁光点中微不足道的一个。就算在太阳系，地球与木星、土星、天王星和海王星等其他行星相比，也并不那么起眼。然而，正如卡尔·萨根（Carl Sagan）的那句名言所说："**你所爱的每一个人，你认识的每一个人，你听说过的每一个人，曾经存在过的每一个人，都在它上面度过了自己的一生。**"

人类从未停止探寻宇宙中存在地外生命的证据。截至目前，人类尚未在其他星球上真正发现生命迹象。在无数看起来差不多的行星中，地球是如此不同：我们生活的这个星球充满了生命气息。

IMAGINE IF……

自然界的奇迹之一是它的多样性：生态系统、物种和气候都多种多样。人类世界也是如此：文化、传统和信仰体系的多元化程度令人惊叹！

我们的世界得以塑造，不仅归功于地球相对太阳的有利位置、水的存在、大陆的分布版图，还得益于源自人类想象力和文化传统的思想、信仰与价值观。

我们所认识的这个世界，大部分是近几个世纪以来人类活动的结果。无论是城市的位置、企业和组织的运作方式，还是教育系统、运输方式以及我们必须遵守的法律和秩序，都由我们战略性地精心打造——这里的“我们”

指的不仅是你和我，更是在我们之前的其他人类成员。我们居住在一个自然世界中，同时也生活在一个设计好的世界里。每一代人都生活在自己独特的环境中，并在生活过程中为后代留下不可磨灭的印记。**我们发现，自己所处的独特环境有相当一部分受人类历史三大问题的交会作用影响，这三大问题是人口、技术和精神。**

问题之一：人口

人类作为一个物种，大约出现在距今 20 万到 15 万年前。[①] 从那时到现在，估计有 1 000 亿如你我一样的人在地球上出生、成长、成年、衰老和死亡。人类在此期间

① 作者此处指的是现代人类的出现时间。根据遗传学家丽贝卡 · L. 卡恩（Rebecca L. Cann）等学者的研究，现代人类大约在距今 20 万到 15 万年前起源于非洲。——编者注

大约经历了数千代，我们是其中最新的一代，也可以说是最有吸引力和最有修养的一代。

然而，在人类历史漫漫长河中的大多数时间里，人口的规模都很小，分布散乱而且增长缓慢。过去的人类生活环境与现在的有天壤之别，不仅生存条件恶劣，而且周围充斥着贪婪的掠食者、敏捷的猎手，这也意味着大多数人类祖先的生命相当短暂，且充满风险和困苦。这种情况直到大约 300 年前，也就是在 18 世纪的欧洲，才开始出现变化。我们现在称之为“启蒙运动”的那场思想革命，在欧洲发源，并最终在世界大部分其他地区给人类思想带来了巨大改变。哲学家和科学家挑战古老的教条，他们认为，要了解我们周围的世界以及我们在其中的位置，就必须让理性超越迷信，让实证超越信仰。一连串的发现和发明最终引发了第一次工业革命，而工业革命又在能源、制造、运输、农业、卫生和医药方面带来了前所未有的创新。

随着生存条件的改善，人口迅速增加。世界人口在1800 年大约是 10 亿，1930 年达到约 20 亿，1960 年达到约 30 亿，而现在，即 21 世纪初期，达到了 77 亿左右，预计到 21 世纪中期会达到 100 亿左右，并在 21 世纪末超过 110 亿。在地球的历史上，现在是它承载人类总数最多的时候。在人类有史以来存在过的上千亿个人当中，几乎有 10% 同时生活在此刻的地球上。

问题之二：技术

人类创造了工具，工具也塑造了人类的生活。它们能够拓展我们的身体能力，一把扳手、一架望远镜、一台打印机都是我们身体的延伸。在工具的帮助下，我们能够做到一些本来不可能做到的事。同时，工具也拓展了我们的思维，使我们能够思考一些本来无法想象的事。从远古时期犁的发明，到近代电的大规模应用，这些精巧的技术重组了整个人类文明。当伽利略在 17 世纪通过望远镜观察太空时，他第一次近距离看到了行星。这种新的视角使他重新认识了地球和人类在宇宙中的位置，并最终颠覆了之前被认为是理所当然的一切。

如今这个时代的变化更加剧烈。在不到一代人的时间里，数字技术重塑了工作、娱乐和生活的方方面面。我们与他人保持联系或者失去联系，都受到数字技术的影响。我们几乎用它来做所有的事，从信息核查到线上约会，再到预订度假机票和酒店。这样的场景你应该很熟悉：在任何一个自由活动的公共场所，几乎每个人都在孤独地对着小屏幕，看着那些触手可及的信息云。

尽管如此，数字革命还不算真正开始，我们仍在努力理解和驾驭这些新技术，试图理解它们对我们每个人和整个社会意味着什么。未来的青少年无疑会带着轻蔑的微笑回顾智能手机甚至货币的存在形态，就像我们看百年前的人类生活一样。那时，人工智能的颠覆性进展将会进入正轨，这不仅有望进一步改变我们的生活和工作方式，也会改变我们作为一个物种的进化方式与方向。

问题之三：精神

尽管我们的物质生活变得空前舒适，但对越来越多的人来说，21 世纪的生活是难以承受的。我们正在经历的许多问题是精神层面的。我指的是精神状态上的好或坏：感到有目标且充实，或者陷入虚无和绝望。虽然大多数人的物质生活比以往任何时候都好，抑郁和焦虑却仍然成为全球流行病。抑郁症现在是最常见的疾病之一，因它而形成的药物和医疗市场价值高达数十亿美元。

每年有近 80 万人死于自杀，大约每 40 秒就有一个人在绝望中选择主动地离开这个世界。这个数字还不包括自杀未遂的人数，而自杀未遂的人数可能高出 20 倍。过去，自杀率最高的人群是老年男性，而现在的情况发生了变化——自杀已经成为 15 ～ 44 岁人群的三大死因之一，是 15 ～ 29 岁年轻人的第四大死因，而且高收入国家的自杀率比中低收入国家的更高。

由此带来的一个悲观的必然后果是成瘾行为大流行，它正在吞噬所有背景和环境中的人。处方药的滥用以及毒品交易都是这种不良现象的帮凶，它们给人的身体和精神带来的痛苦极其可怕，同时伴随着高昂的物质代价。年轻人出现心理健康问题的比例正以指数级速度上升。这当然有很多原因，包括媒体的负面影响、不切实际的愿望的不断涌现，也包括贫困和失业率上升等社会经济风险因素，以及生活成本的不断上升。同时，心理健康是身心健康的重要组成部分，这个基本知识在大多数人中尚未普及。人们对心理和精神问题缺乏了解，导致了社会文化对心理和精神问题的持续污名化。许许多多的人生活在高强度的精神压力下，却无从获得帮助。此外，主流教育范式中的各种规定和标准化的考试方式给年轻人带来的疲惫和压力也难辞其咎。

我们正在毁坏世界

现代人类已经在地球上生存了十几万年。除了那三大问题，持续累积的人类行为给地球带来的致命伤害是我们要面对的另一个紧急危机。我们向地球索取了巨量资源，除了满足人类自身的利益，我们既没有考虑后果，也没有考虑其他物种的存在。我们剥夺了许多生物赖以生存的自然栖息地，消灭了一个又一个物种，却几乎没有回头看上一眼；我们开采石油，使空气中充满有害气体，把保护地球生物的臭氧层烧得千疮百孔；我们还严重消耗了地表土壤，使得地球生态陷入严重的不平衡；我们不仅在陆地上堆满了将无限期躺在那里的垃圾，还把有毒废物排入海洋。

情况并非从来就如此紧张和残酷。在以前的许多个世纪里，人类仅仅获取少量生存必需品——在许多地方，人们有自己的农场，这些农场可以供应当地所需。以前，国际旅行是一件漫长而艰巨的事，人们只在非常必要时才会去做，而不会在周末从一块大陆跑到另一块大陆。然而随着技术的进步和人口的增长，人们的愿望和需求也逐步提升，空中飞人和国际旅行已经成为常态，而我们的这些行为，是一条不归路。有些研究已经非常严肃地发出警告：我们已经走得太远了！**人类的行为已经改变了地球的化学性质，我们正面临耗尽地球所有资源的风险，在这个过程中，人类也会把自己从地球上抹去。**

我们常说，必须“拯救地球”。这是真的吗？在地球因撞向太阳而毁灭之前，它还有很长的时间可以运行。我们需要拯救的，是地球还是生存在地球上的我们自己？如果我们继续以目前的速度蹂躏地球，人类这个物种就没有未来。物种灭绝是自然界非常真实的一部分，就如过去在地球上消失的一个又一个物种一样，按照现在这个速度，人类要为自己这个物种的灭绝负起直接责任。

思想的逆流

我们为什么不像其他生物那样生活在地球上？因为我们拥有思想、语言和文字。这正是人类与其他物种的最大不同。在进化因素之外，人类所拥有的思想和理论会影响我们对周遭一切的看法和判断。人类不仅通过感官，还透过各种价值观、信仰和想法的面纱与镜片来看待这个世界。正如伟大的文化理论家克利福德·格尔茨（Clifford Geertz）所说："我们编织了一张意义之网，并将自己悬挂在其中。"当我们与其他人亲密相处时，会影响彼此的思维和感觉方式。当孩子学习说话时，他们会吸收蕴含在这些语言之中的文化思想和价值观。这样一来，他们就生活在了一个充满信仰、理论和知识的世界里。

人类文化的多样性同时伴随着其黑暗的复杂性，以及由感知差异导致的历史悠久的冲突。文化信仰的差异会滋生敌意甚至仇恨，文化碰撞时产生的动荡会是深重甚至暴力的。然而，一些社会动荡既不可避免，也是推动人类摆脱系统性不平等的必要条件——这些不平等困扰着我们的过去，也威胁着我们的未来。关键是区分两件事：一是以进步的名义推翻现存的有害部分，这是有必要的；二是任由致命冲突不断肆虐，这是不必要的。区分这两者需要一些能力，这些能力与教育直接相关。我在这里所说的

“教育”不仅指儿童在学校期间所接受的教育，更是对终身教育和教育持续改进的承诺与行动。

逆流不会总是以直线方式活动，未来也不会永远这样倒退或前进下去。例如，世界人口不会无止境地增加，老牌工业国家的人口已经在萎缩。在过去的 150 年里，全球的出生率超过了死亡率。而在过去的 50 年里，全球的出生率一直在放缓：1950 年，一名女性一生之中平均生育 4.7 个孩子；到 2017 年，这一数字几乎减半至 2.4；预计到 21 世纪末它会降至 1.7 甚至更小。

造成这种现象的原因之一是教育：随着越来越多的女性有更好的受教育机会，她们不再只是生育的工具，而是在追求自我的价值和意义，同时，她们在管理自己的生育能力方面变得更加积极，于是她们的孩子随之减少。在 21 世纪，世界人口的整体情况将发生根本性的变化：

更少的新生儿，以及更长的预期寿命。这意味着，到了2100年，5岁以下儿童的数量会急剧下降，而80岁以上老人的数量会大大增加。

在继续工作的人口中，我们几乎不可能预测他们在未来会从事什么样的工作，或者会过什么样的生活——假设他们有工作的话。

技术的影响可能需要很长时间才能渗透到生活和工作中，但我们正在经历的变化的速度和我们正在创造的新技术的影响都是非凡的。这些发展正在改变我们的教育环境、教育内容和教育方式，因此我们必须相应地改变教育系统及教育范式。

重新想象这个世界

当某种状态持续太长时间时，我们就容易相信它不可改变。那些我们认为理所当然的系统，其实都是人类制造的，比如政治系统、商业组织、城市设计方式等。当初创造它们，是为了满足我们的目的、解决我们的问题或者促进人类的进步。问题是，作为一个进化中的物种，人类在不断进步，而许多系统已经完全过时了，过去帮助我们的那些东西正在成为束缚我们的桎梏。值得庆幸的是，我们有能力采取行动来改变现状。我们既然创造了现在生活的世界，就有可能重新创造它。

我在前文说过，人类正处于一个临界点。这是确定无疑的现实。在这个时代，我们面对的挑战都是人类创造力的结果，这些挑战真实而紧迫。为了应对这些挑战，我们必须善用创造力，提出更具同情心和可持续性的关于理想世界和生活的构想。仅把过去所做的事重复多次是远远不够的，我们需要的答案并不在身后。如今最好的办法是以一种更坚定的目标感来培养自身的创造力，同时拥有更丰富的关于天生能力和潜力这些概念的理解。那就让我们从这里开始吧！

IMAGINE IF……

第 3 章

创造力：
人类智能多样性的最高体现

智能是多样的、动态的且高度个性化的，它和创造力血脉相连，相互依存，缺一不可。

第 3 章

创造力：人类智能多样性的最高体现

儿童生来就有无穷的潜力。新生儿可能看起来很无助，但他们很快就会发展出人类这个物种特有的能力。如果条件合适，他们从出生到成熟会经历一场奇迹般的蜕变，会在身体、认知、情感和社交方面都有所发展，而这些都是相互关联的。

人类的大脑包含大约 1 000 亿个神经元。就像人与人之间有错综复杂的关系一样，这些神经元也可以形成无数连接。大脑，这个小小的血肉之球中为何能诞生莫扎特的音乐、爱因斯坦的洞察力和马娅·安杰卢的诗意智慧，还有构成你自己意识的所有思想和情感呢？很遗憾，这个问题的答案仍然是个谜。

以语言学习为例。大多数两三岁的孩子都已学会说话。如果为人父母，你知道这件事不需要刻意去教。你没有那么多时间，孩子也没有耐心。婴儿凭直觉就知道说话的声音有意义。他们学习说话是因为他们想说，也是因为他们能说。如果在年幼时接触几种不同的语言，他们大多会以某种方式学会所有语言。有些人不费吹灰之力就能说四五种语言，通常是因为他们生活在使用这些语言的社区，轻而易举就理解了这些语言。如果我们在适当的时候沉浸在这些语言中，大多数人都能学会好几种语言。现实中的大多数人不能做到这一点只是环境因素使然，而不是能力问题。

第 3 章
创造力：人类智能多样性的最高体现

拥有某种能力（capacity）和拥有某种才能（ability）是有区别的。才能是一种精练的能力。语言学习与发展就是儿童拥有巨大能力的一个例证。他们还有许多其他能力，其中一些能力会发展，也有不少能力未必会依情况而变。人类的才能就像自然资源一样具有惊人的多样性，在不同的条件下会有不同的呈现——这就是为什么人类的成就能够如此多姿多彩。它们往往隐藏在表面之下，有待挖掘。而一旦挖掘出来，就必须加以开发才能发挥作用。

我们经常大大低估孩子的天生能力。事实上，我们会低估很多东西，或认为这是理所当然的。以我们的身体感觉为例，请问你有多少种感觉？大多数健康人都会说有 5 种：视觉、听觉、嗅觉、味觉和触觉。事实上，人的感觉至少有 9 种。除了以上 5 种，还包括温度感（热觉）、疼痛感（痛觉）、平衡感（平衡觉）和空间定位（本体觉）。这些并不是只有少数人才有的“精英”感觉，我们所有人每时每刻都在依赖它们。为什么我们认为自己只有 5 种感觉，而不能识别其他感觉呢？因为我们听过太多“五感”这样的说法，而不去思考和质疑它。如果连自己的感觉这样直接的东西都会被低估，那么像智力这样更复杂的能力呢？

大多数人在被问到关于智力能力的问题时，通常会将话题转移到学术能力和智商上来。“学术能力”经常与“智能”互换使用，虽然学术能力是智能的一个重要方面，但它远不是智能的全部。学术工作是一种可以应用于任何事物的分析模式，它指的主要是理论或学术性的智能工作，而不是实践或应用。学术工作一般集中在三个方面：

- 第一是命题式知识，即关于事情的事实，例如，乔治·华盛顿在 1789 年至 1797 年担任美国总统。

- 第二是批判性分析，例如，华盛顿担任总统对美国的影响及他的领导特质。

- 第三是案头研究，源于命题式知识和批判性分析，主要涉及阅读和写作。

事实上，不存在所谓的“学术科目”，只有看待事物的学术方式。问题不在于研究什么，而在于如何研究。你可以对任何事物采取学术方式——你可以研究舞蹈而不需要移动身体，你可以掌握艺术的概念而不需要自己创作作品，你可以理解化学而不需要伸手去拿试管或穿上白大褂。

另外，智商理论认为人类生来就有一定的智能，而且可以用纸笔测试的方式来评估它，并给出一个数值。下面我会探讨为何智商理论的基本假设是错误的。但它正好提供了一个例证，说明这个系统是在很久以前为了适应特定目的而创建的。

我们今天仍然知道的智商测试系统，在 20 世纪初由阿尔弗雷德・比奈（Alfred Binet）在巴黎创建。当时，比奈正在研究小学教育，他想寻找一种方法，用来识别那些需要特别支持的人。这种方法需要易于管理且务实，以快速提供识别结果，而他的智力测验系统就像他认为的那样有效。随着时间推移，比奈的方法开始在世界各地传播。1912 年，德国心理学家威廉・施特恩（William Stern）提议实施一种正式的计算方法，即用心理年龄乘 100 来确定一个具体的智商数字。

智商的概念最终被优生学运动的成员所接受，他们用这个概念作为选择育种和人口控制的理由。他们的论点是，智力测验可以用来识别智能低下的人，阻止他们生育后代。这种说法很流行，美国的一些州甚至把针对所谓“智能低下者”的绝育合法化。而优生学又是纳粹按照自己的设想改变社会，实现其“主宰者民族”（Herrenrasse）梦想的方案的一个关键策略。

就像谷登堡的印刷机和乔布斯的苹果手机一样，比奈不可能预见智力测验的后果。他当然不会想到，100多年后，智商几乎成为“智能”的同义词。智商虽然可能给我们提供一些关于智能的信息，但它并不能呈现其全部。在许多方面，它并没有告诉我们太多。智能则要丰富得多：它是多样的、动态的和高度个性化的。

人类智能的多样性

关于“智能”，人们尚未形成具有共识的定义，但这并不意味着人们没有试着去定义它。相反，心理学家在这个问题上花费了大量时间。之所以没有共同认可的定义，是因为智能有多种形式，而我们每个人在所有这些方面都有天然的优势和劣势。看看推动人类各个领域成就的各种奇妙技能和洞察力，以及它们相互作用的无数方式吧，这些形式的智能远远超出典型智力测验那种纸笔难题的要求。

智能包括连贯地建构思想和表达思想的能力，有多种方式可以做到这一点——演讲、写作、音乐、舞蹈、数学、演示、绘画等，对于这些方式，就算不是全部使用，我们至少也会在某一时刻以其不同的组合方式做各种事情。视觉艺术家大部分时间都在形成视觉理念，然后将其呈现为物理形式，但这并不意味着他们不能写出连贯的句子。一个精英数学家经常使用数字、角度和形状来理解世界，但他也可能使用身体语言来表达观点。这只是两个极端例子，其实我们大多数人每天都在使用多种方式建构思想和表达思想。

还有更多因素，比如环境和机会。我之前提到，如果一个孩子在多种语言的环境中长大，那他通常能学会他接触的所有语言。这种情况是双向的——同一个的孩子如果在单一语言环境中长大，就只能说一种语言。这并不意味着他以后不能学习另一种语言，但那不会成为一种天性。大多数事情都是如此。如果一个孩子从小就学习舞蹈，那他就会对自己身体的运动状态及自身的空间意识和耐力具有敏锐的认识。如果这个孩子没有从小学习舞蹈，那他在以后的生活中想要发展出对身体、空间和耐力的认识，就要加倍努力。因此，虽然我们每天都使用不同的方法建构思想和表达思想，但环境和机会在很大程度上影响着我们如何更经常、更自如地使用这些方法。这使我们很好地引出了下一点：智能是动态的。

人类智能的动态性

我们知道，大脑的不同区域与特定功能相关。即便如此，也没有一个区域是独立于大脑其他部分的，所有区域都是协同工作的。同样，意识也不仅存在于大脑之中，而是需要大脑与身体其他部分密切联系才能发挥作用。例如，腹部的肠道内有数百万个神经元。“肠脑”通过一个由神经元、激素和化学物质组成的复杂网络与大脑进行交流，这个网络会不断地给我们提供各种反馈：我们有多饿，我们是否产生压力或兴奋的情绪，或者我们是否摄入了有毒的微生物。这条信息高速公路被称为“大脑–肠道轴”（brain-gut axis），它能持续反馈人体的各种状况。

阿米尔·阿梅迪（Amir Amedi）博士是一位以色列神经科学家，他的工作是帮助先天失明的人用声音来“看”。在他的方法和工具的帮助下，一个先天失明的人可以坐在桌前，轻而易举地从一个大多数是红苹果的碗中挑出一个绿苹果。他是怎么做到的呢？

1969 年，美国一位名为保罗·巴赫-瑞塔（Paul Bach-y-Rita）的科学家做过一个大胆的设想：失去一种感官功能（如视觉）的人可以重新获取缺失信息，只要这种信息被转换成另一种可以由完好感官处理的格式。

从巴赫-瑞塔的这个设想出发，阿梅迪博士开始研究如何帮助盲人重新获取原本由视觉来处理的信息。众所周知，触觉可以帮助盲人解决一部分问题，但是，如果是触觉不能解决的问题呢？听觉和嗅觉可以帮上什么忙？于是阿梅迪博士尝试将每种日常物品的形状、颜色、方位等转化为一系列声音模型——不同的音源、振动频率、音调或突发的噪声等，并开发了相应的感官替代设备和辅助应用程序，再训练患者建立声音与相关视觉信息的联系。在这个系统的帮助下，失去了视觉，甚至是先天失明的人也可以轻易地从一堆红苹果中挑出一个绿苹果了。

我们的大脑是高度动态的，它的每个部分都会向其他部分发出信息并形成最基本的任务指令。就拿“说话”这一行为来说：我们在头脑中形成思想，并将其转化为话语；我们经常调整说话的内容，以便对方能够理解；我们会控制音量和语调来强调重点；我们在说话时还通过动作、手势、表情来传达情感和意义。然后，大脑会处理我们说话的内容，并等待回应。就连“说话”这样简单的技能也像一部协奏曲，是无数大脑功能协作实现的艺术表达。事实上，动态的大脑很像一个交响乐团——许多不同的、独立的部分一起演奏，创造出一些只有在这些部分一起和谐演奏时才能够实现的有意义的东西。

然而，如果这个乐团中缺了一位乐手呢？正如巴赫-

瑞塔的设想、阿梅迪博士的创造所展示的，动态的大脑在合适的条件下，也能够让其他乐手补上缺席者的位置。

人类智能的高度个性化

婴儿不是一张白纸，他们携带着许多信息降临这个世界。正如每个父母都知道的那样，这些与生俱来的特征在生活中很早就会表现出来。如果你是两个或更多孩子的父母，我打赌你的几个孩子完全不同。你绝不会把他们搞混，对吗？他们可能长得很像，有相似的特征，可能让你想起你自己或你的父母，但孩子是他们自己，是独立的个体。

IMAGINE IF...

从外貌到个性的细微差别，我们都是前人某些特征的独特混合体。每个生命都很独特，不可重复。

尽管每个孩子都有无限的能力，但这些能力在每个人身上表现不同。当他们发展特定的能力时，他们的大脑也正在得到相应的物理塑形。以前的人认为，每个人的智能生来就固定不变，我们对此无能为力——新生儿拥有其一生所有的脑细胞，而随着时间推移，这些脑细胞会经历一个自然的从老化到消亡的过程。

然而我们现在知道，情况并非如此。许多神经科学研究证明，大脑是一个充满活力、具有可塑性、随着经验的增加不断发展的活器官，它与肌肉一样，会随着使用情况的不同而变化。大脑的神经元也是动态的，当它们接收到新任务的挑战时，就会更加活跃，并产生许多新的突触和网络连接。这是动物能够适应环境、改变生存策略的一个重要因素。因此，人类的智能不仅是多样的、动态的和高度个性化的，还拥有不断发展的可适应性。我们生来就拥有这些难以估量的能力，我们在一生中有许多机会去发展它们。

智能与创造力的血缘关系

将智能狭义地定义为“智商”或“学术能力”，其根本问题在于完全忽视了智能和创造力之间的关系，在两者之间制造了一道鸿沟：把人分成两类——聪明的人和有创造力的人。

在学校里，当我们把所谓的“核心”科目如数学、读写、科学等，与“软”科目如艺术和人文学科分开时，我们就是这么干的。在企业中，当我们把“创造者”与公司其他人分开时，也是一样的道理。制造这些明显的区分时，我们就相信并延续了关于智能和创造力的几个谬论。

其中一个谬论说，在人群之中，只有一部分人有创造力，因此你要么有创造力，要么没有。然而就像我们已经知道的那样，人不是生来就有固定不变的智能，也不是生来就有固定不变的创造力。创造力就像大脑或肌肉一样，随着使用而改变。如果我们忽视自身的创造力，它就会处于休眠状态。如果我们适当地使用它，它就会成长和发展。

另一个谬论说，创造力只适用于某些活动，比如艺术。虽然艺术确实涉及高水平的创造力，但其他活动并非与创造力无关，比如数学、经营企业或研究大脑。当阿梅迪博士创造自己的方法来训练盲人使用声音去“看”的时候，他调用了所有能力，包括在自身现有知识的基础上产生新的想法，分析并设计的能力。

第 1 章中谈到，想象力让我们能够设想其他的可能性，而创造力使我们具备了将其变为现实的工具——这正是阿梅迪博士所做的。他想象一个盲人可以看到的情景，并利用他的创造力，结合他的科学专长，使之成为现实。然而，传统上，神经科学并不被认为是一个创造性的学科。不仅如此，想要获得必要的学习资格——取得神经科学专业的录取通知书，往往需要以牺牲其他智能为代价，来展示某种特定类型的智能，比如考官认为你需要有足够好的记忆力或者实验操作能力，却常常忽略批判性思考的能力。

我们讨论这个话题的关键是，智能和创造力有密不可分的“血缘关系”。如果没有智能展开行动，你就不可能有创造力；而智能的最高形式就是创造性思考。两者并存，相辅相成。

让教育成为两个世界的桥梁

我们生活于其中的并非一个世界，而是两个世界。

第一个是可见的外部世界：我们居住的城市和土地，以及周围的人、物、事和环境等。第二个是不可见的内心世界：你的个人意识。无论你是否存在，你周围的外部世界都存在。你来到世上的时候，它就在那里；你离世的时候，它还会在那里——至少我们希望它还在那里。你的内心世界却只因你而存在。据我们所知，你来的时候，它就会存在；你离开的时候，它就会结束。我们有意识地生活在这个世界上，我们的生活是由外部世界与内心世界之间不断的相互作用形成的。

水母和虎鲸可能居住在同一片海域，但它们的身体构造和对周围环境的感知不同，因此它们待在完全不同的世界里。水母和虎鲸的情况对我们人类来说也是如此。如果我们有 3 米高，有翅膀，能像狗那样听到更多声音，生活就会变得相当不同。但是人类的生活不仅是身体上的，我们除了必须驾驭自身所处的物理环境，还必须了解自身所处的文化环境，以及我们自己的思想、信仰和情感。

IMAGINE IF...

正如儿童出生时不是白板一样，他们来到的这个世界也遍布人类万代积累延续下来的遗产，包括思想、洞察力和艺术品。我们是人类知识的继承者，这些知识是由无数人在许多领域跨文化、跨时代所创造的。

天性和后天教养的动态变化造就了个人天赋、倾向和个性的巨大差异。我们思考周围世界的方式深受我们内心感受的影响，而这些感受往往由我们的知识、看法和经验所决定。正如作家阿内丝·尼恩（Anaïs Nin）所言："我看到的不是世界的样子，而是我自己的样子。"我们都通过从自己人生经验出发的视角和曾经做出的选择来创造自己的生活。所有孩子出生时都有巨大潜力，他们能否发挥这种潜力，与他们在外部世界和内心世界中的发展情况有很大关系。他们所接受的教育质量是决定能否获得这些条件的根本，教育应该是连接这两个世界的桥梁。了解如何做到这一点，是使所有孩子的桥梁更加安全的基础。

IMAGINE IF……

第 4 章

教育的使命：4 个核心目的，8 个关键能力

教育必须使学生了解周围世界及其内在才能，以便让他们成为有成就的个人和积极并富有同情心的公民。

第 4 章
教育的使命：4 个核心目的，8 个关键能力

教育的目的是什么？人们在这个问题上分歧很大。这就是所谓的“本质上有争议的概念”。与“民主”和“正义”一样，“教育”对不同的人意味着不同的东西。有很多因素影响着一个人对教育目的的理解，比如他们的出身和环境。他们对种族、性别和社会阶层这些问题的看法，也会影响他们的教育观。尽管没有一个公认的对教育的定义，但这并不意味着我们不能讨论它或不能对它做什么。我们在此只需要对一些术语进行清晰的界定。

有几个术语经常被人混淆或交替使用，它们是：学习、教育、培训和学校。事实上，它们之间有很大区别：

- 学习是获得新技能和新认识的过程。
- 教育是一套有组织的学习系统。
- 培训是一种侧重学习具体技能的教育类型。
- 学校是学习者的社区，一个学习者聚集在一起相互学习的共同体。

我们一定要把这些词语辨识清楚、区分使用。比如，孩子喜欢学习，他们自然而然地学习；许多人在教育方面有困难；有些人在学校遇到了很大的问题。

关于义务教育存在许多假定，其中一个是说：年轻人需要知道、理解并能够做某些事情。如果对他们放任自流，他们很可能不会付出努力。而至于这些事情究竟应该是什么，以及如何确保学生学会做这些事情，则往往是复杂且具有争议的问题。另一个假定是说：义务教育是为了让年轻人为以后的事情做好准备，比如找到一份好工作或继续接受高等教育。

那么，现在一般所说的“受教育”是什么意思呢？教育应该扩展我们的意识、能力，深化我们的敏感度、文化理解和世界观。由于我们生活在两个世界——内心世界和外部世界，因而教育的核心目的是使学生能够理解这两个世界。在今天的形势下，还有一个新的、紧迫的挑战，那就是提供多种教育形式，使年轻人参与到与环境福祉有关的全球经济问题之中。

教育的 4 个核心目的

1. 个人

教育应该使年轻人打通其内心世界和外部世界之间的联系。在西方文化中，上述两个世界之间存在着确切的区别，即思考和感觉、客观和主观之间的区别。这种认识是错误的——我们对外部世界的体验和我们的感受之间有着深刻的关联。正如我们在前几章所探讨的那样，所有人都有其独特的优势和劣势、视野和个性。学生没有标准的体形，他们的能力和个性也是如此。他们都有各自的天资和性情，对事物的理解也各不相同。因此，教育是极其个人化的事情，它关乎培养活生生的人的思想和心灵。想要提高教育成就，核心就是让学生能够作为独立的个体来参与学习。

《世界人权宣言》强调：“人人生而自由，在尊严和权利上一律平等……教育的目的在于充分发展人的个性，并加强对人权和基本自由的尊重。”当前教育系统中许多最深刻的问题，都是因忽视了这一基本原则所致。

2. 文化

学校应该使学生了解自己的文化，并尊重其他文化。文化有各种定义，但在这里最适合的定义是：不同社会群体的价值观及其行为方式。更直白地说，文化是“我们在这个世界上做事的方式”，教育是社会群体将其价值观代代相传的方式之一。对一些人来说，教育是一种保存文化、抵御外来影响的方式；对另一些人来说，教育则是促进文化宽容的方式。随着世界变得更加拥挤和联系紧密，它在文化上也变得更加复杂，尊重多样性不仅是一种道德选择，也是一种现实需要。

学校应该有三个文化优先事项：帮助学生了解自己的文化；帮助学生了解其他文化；增强他们的文化宽容和共存意识。如果既能为自己的文化和传统欢呼，又能为其他文化的做法和传统叫好，那么所有社会群体的生活都会变得更为丰富。

3. 经济

教育应该使年轻人成为有经济责任感和经济独立能力的人，这也是政府对教育如此感兴趣的原因之一。他们知道，受过教育的劳动力对创造经济繁荣至关重要。早在工业革命时期，人们就已发现，教育对于培养工业革命所需的劳动力非常重要。但从那时以来，世界已经发生了深刻变化，并且仍然以越来越快的速度变化着。几十年前还存在的许多工作正在消失，并被当代同行迅速取代。我们几乎不可能预测技术发展的方向，以及它们将把我们带向何方。

学校该如何帮助学生做好准备来应对这瞬息万变的经济环境呢？答案是将学业与他们独特的才能和兴趣结合起来，化解学术课程和职业课程之间的分歧，并积极促进学校和真实的工作世界之间的合作。这样一来，年轻人就不仅是在进入劳动力市场的时候才能体验什么是工作环境，而是能够将工作环境作为其教育的一部分来体验。

4. 社会

教育应该使年轻人成为积极的、富有同情心的公民。我们生活在紧密交织的社会系统中，需要互相合作以维持这个系统，进而各自从中受益。向个人赋权的同时，必须维护集体利益，特别是通过民主价值和责任使个人和集体的权利实现平衡。民主社会中的自由不是天上掉下来的馅饼，它来自数百年的斗争——与暴政、专制的斗争，与那些煽动宗派主义、仇恨与恐惧的人的斗争。而且这些斗争还远未结束，正如约翰·杜威所说：“民主必须在每一代人中重新诞生，而教育是它的助产士。”

民主社会的运作取决于大多数人在民主进程中的积极性。然而在许多民主国家，情况正越来越糟糕，积极参与民主实践的人越来越少，换言之，出现了所谓的“政治冷感”。学校应该让学生成为积极主动的民主参与者。学术性的公民课程只是隔靴搔痒，要想培养公民对民主根深蒂固的尊重，就必须在年轻人成年之前，让他们体验真正的民主。

教育的 8 个关键能力

传统课程基于一系列独立的科目（subject）而设置，它们根据这样两个原则来排列：首先是根据我们在第 3 章讨论的对“智能”的有限理解，其次是根据所谓“在未来生活中的重要性”。

“科目”这一概念表明，无论数学、科学、艺术还是语言，这些科目都与其他所有科目完全分隔。这是有问题的。例如，数学不仅是由命题知识定义的，它是各种类型知识的组合，包括概念、过程、方法以及命题知识。科学、艺术、语言以及其他所有科目也是如此，是各种类型知识的组合。因此，关注学科（discipline）理念比关注科目名称本身要重要得多。

学科是流动的，学科之间不断进行着融合与协作。关注学科而不是科目时，我们还可以探索跨学科学习的概念。这是一种更全面的方法，更贴切地反映了现实生活——学校以外的活动很少像传统课程的科目那样被明确地分隔开来。例如，一个写文章的记者，必须能够调用对话、演绎推理、读写和社会科学调研的技能；外科医生必须了解患者所患疾病的学术概念，以及即将实施的手术的实际操作技巧，至少，当我们自己被推进手术室的时候，肯定希望医生能做到这些。

规划课程时，学科的概念给我们提供了一个更好的起点，那就是寻找学生在接受教育后应该知道什么、能够做些什么这两个问题的答案。针对前述的 4 个核心目的——个人、文化、经济和社会，我们提出 8 个关键能力，如果将其适当融入教育，就会使学生在离开学校之后也有能力面对不可避免的来自个人、文化、经济和社会的挑战。这 8 个能力就是：好奇心、创造力、批判性思维、沟通、协作、同情心、沉着冷静和公民意识。这些能力的培养与年龄无关，应该从学生的教育旅程之初就交织在一起，并贯穿始终。

1. 好奇心——提出问题和探索世界如何运作的能力

婴儿生来就有强烈的好奇心。尽管他们弱小无助，每次睡着和醒来都要依赖父母，但正是好奇心把他们变成向往独立的蹒跚学步的孩子。好奇心使这些孩子经常提出一些难倒父母的问题，好奇心是我们生命最初几年最为综合、全面的学习工具。

人类向前迈出的每一步都由内在的探索欲望驱动：质疑事物如何运作，想知道为什么，并敢于设想未来。孩子们天然充满好奇心，当他们的好奇心被调动起来时，就会自己学习、互相学习，并从各种来源学习。优秀的教师会培养和引导这种好奇心，激发孩子的兴趣，并为他们的探索提供支持。

2. 创造力——产生新想法并将其付诸实践的能力

随着年轻人面临的挑战激增，帮助他们发展独特的创造力至关重要。与想象力一样，创造力不是位于大脑某一部分的单一能力，而是从整个头脑的复杂功能中产生的整体能力。创造力广泛存在于人类生活的各个领域，能够培养和完善，这涉及逐渐掌握技能、知识和思想。从事任何领域的创造性工作都要掌握那些塑造了该领域的知识和概念，实践并深度理解其所依赖的传统和既有成就。

3. 批判性思维——分析信息和想法，并形成合理的论点和判断的能力

人类智慧的标志之一就是我们有能力清晰地思考。我们能够有逻辑地思考论点，冷静地权衡证据。人类的繁荣一直依赖于这些批判性思维能力，而目前的挑战使批判性思维变得更加必要。对年轻人来说尤其如此——来自四面八方的广告都想抓住年轻人的眼球，他们每天都在被各种广告狂轰滥炸。

事实与虚构之间的界线正在消失，可信的信息来源与那些骗人点击的宣传诱饵之间的界线也正在消失。在谎言的汪洋之中寻找真相，已经成为一项越来越困难的日常任务。我们必须帮助年轻人掌握批判性思维，这项本领应该是学校里每门学科的核心。

4. 沟通——以各种媒介和形式，清晰、自信地表达思想和感受的能力

交流不仅关乎文字和数字，我们也以声音、图像、运动、音乐、诗歌、舞蹈等各种方式体验世界，并通过这些方式思考和交流。我们还用隐喻和类比来思考，包括推理和共情、推测和假设、想象和创造。人们公认教育中的必要元素是阅读、写作和数学。的确如此，而清晰、自信地演讲也同样重要。言语交流不仅包括看懂字面意思，还包括欣赏隐喻、类比、暗喻以及其他诗性和文学性的语言。能够形成并交流思想和感受，对个人的幸福及集体的成就与协作都是至关重要的。

5. 协作——与他人建设性合作的能力

只有复杂的合作形式才能推进人类的探索发现。如果没有与他人协作的能力，我们就没有机会应对共同面临的挑战。幸运的是，人类是社会性动物，我们在他人的陪伴下生活和学习。但这个在真实社会中自然发生的事情，在学校环境中却很少被重视。大多数时候，年轻人身处团队之中，却又孤独地学习，而不是作为一个团队去学习。团队协作会为解决问题和实现共同目标创造机会。通过吸取彼此长处、克服缺点、分享想法，年轻人能够学会解决冲突并支持大家共同商定的解决方案。

6. 同情心——对他人产生同情并采取相应行动的能力

共情是指认同他人的感受并在类似情况下感同身受，同情心则是共情的实践。年轻人面临的许多问题如霸凌、暴力和偏见，其根源在于缺乏同情心。在成年人的世界里，文化冲突和社会分裂都是由缺乏同情心导致的。随着世界变得更加相互依存，同情心是一种道德的、实际的需要，也是一种精神承诺，即你希望别人如何对你，你就以同样的方式对待别人。践行同情心是我们共同人性的最真实表达，可以成为我们自己和他人幸福的深层来源。

7. 沉着冷静——与内在生活的情感建立联系，培养个人和谐与身心平衡感的能力

许多原因造成了年轻人在学校环境中的抑郁与焦虑。有些与学校有关，有些则源于学校以外的原因。学校不应该存在于真空之中。无论你是否承认，学校活动都会影响个人生活和内在情感。如果忽视这些影响，并以过多的家庭作业或考试压力给学生增加科学学习规划以外的负担，可能会导致学生逃离学校、抗拒学习甚至出现更糟的情况。学校可以改变其文化，对每个孩子采取因材施教的全人教育法来减轻这种负面影响，还可以给学生特定的时间，传授一些技巧，使用日常的正念和冥想练习来探索自己的内心世界。令人高兴的是，已经有越来越多的学校开始这样做，使得学生和教职员工都从中受益。

8. 公民意识——建设性地与社会接触并参与维持社会进程的能力

当积极参与社会活动的公民活跃于社群之中并为自己的行为负责时，他就能够影响世界。学校在培养公民意识方面发挥着重要作用。这意味着，学校有以下功能：教育年轻人了解他们的权利和责任、了解社会和政治制度的运作方式、关注他人的福祉，为年轻人创造机会发表意见和观点，并在整个教育过程中创造真实的民主体验。

IMAGINE IF...

童年不是一次排练，人们从出生开始，就真实地生活在这个星球上。孩子们将来会成为什么样的人，做什么样的事，都与他们现在的经历密切相关。公民技能需要经常练习和更新，否则就会退化。

重新思考教育

以上这 4 个核心目的和 8 个关键能力，是成为一个人的核心要素。我们在职场和生活中遇到的成年人对我们也有类似的期望。坦率地说，尽管大家公认世界各地不断经历着各种不可忽视的变化，但教育系统的范式仍然停留在过去。然而，解决方案不是一次次简单重复那些一直在做的事，我们想要的答案并不在身后。我们面临的挑战不是要“改良”旧系统，而是要“变革”旧系统。为了有效培养能够在未来世界茁壮成长的孩子，我们必须发起一场教育革命，包括重新思考学校的运作方式。

IMAGINE IF……

第 5 章

从工厂到农场：
亟待改变的教育系统

我们正在耗尽地球资源，也在以同样的方式耗尽人力资源。如果我们想拥有美好的未来，就应该马上解决这两个问题。

第5章
从工厂到农场：亟待改变的教育系统

传统的常规教育模式经常被比作工厂。在这个比喻当中，学生就像流水线上生产出来的商品，教师则是工人。每个工人负责自己那一小部分工作，流水线上还有一系列的品控检查环节。整个过程是常规的、预定的和规范化的。我们由此可以了解为什么这种形象的比喻会流行起来，因为大规模的工业生产和大多数主流教育系统的共同目标，都是制造出标准化的产品，而他们用来达成这一目标的方法也很类似。

工厂的比喻凸显了主流教育的许多问题，因为人不是无生命的物体。那些无生命的物体，无论是螺丝还是飞机，对其生产方式或发生在其身上的事情既没有意见，也没有感觉。但是人不行。人类有感情、动机和关注，每个人还有各自的具体情况及不同的才能。无论是儿童还是成年人，他们都会积极投入那些与自己有关的事，而这些发生在他们身上的事也塑造了他们的社会身份。与流行的看法相反，生活并不是从 18 岁才开始，也不是从高中生穿过舞台领取毕业证书时才开始，而是在这个“产品”被“打包”和“运走”之前很久就开始了。

工业革命引发了能源、制造、运输、农业、卫生和医药等领域前所未有的创新，也给我们带来了大规模标准化的教育系统。这套教育系统以工业革命自身的形象为模型，为了适应工业革命的目的而创建。由此可见，工业化的教育模式的确与工业化的工厂有相似之处。然而，与工业化教育模式相配的类比不是生产无生命的物体，而是培育有生命的生物，不是一个工业化工厂，而是一个工业化农场。

工业化的农场

工业革命重新定义了什么是“常规”。大规模生产和技术进步给农业带来了持久的变化：机械化使人们得以“标准化”耕种大片土地，从而出现了大片单一作物农田。人们还大规模使用化学肥料，以“保护”这些非自然环境中的作物不受自然生态系统的影响。于是，有史以来“昆虫以作物和微生物为食，鸟类又以昆虫为食”的天然食物链被打破了。

工业革命采用类似方法养殖牲畜，用大规模养殖场来代替露天放牧。大量的动物被饲养在室内，在其短短的一生中，几乎没有机会接触外部世界。与农作物种植一样，畜牧业的工业化生产也是为了以最小成本获取最大产量。

这种条件下的畜牧业严重依赖广泛使用的强力抗生素。在畜牧业产品的生产过程中，使用抗生素有各种原因，如治疗患病动物、预防健康动物患病、促进动物以非自然的速度生长等。事实上，畜牧业的抗生素消费量约占全球抗生素消费总量的 80%，这些抗生素往往被用于健康动物而非患病动物。

滥用抗生素是全球抗生素耐药性上升的一个重要原因，这一现象被世界卫生组织描述为“对目前全球卫生、食品安全和发展的最大威胁之一”。问题不在于我们人类自己产生耐药性，关键在于细菌会产生耐药性。当我们因感染了耐药性细菌而生病时，治疗难度将会加大——病程和住院时间会延长，而且死亡率会提高。抗生素耐药菌普遍存在于我们食用的肉类当中，而且有大量证据表明，工业化农场内部和周围的空气中也有这类细菌。河流、溪水、苍蝇身上，甚至运输牲畜的车上也能发现它们。我们接触抗生素耐药菌的风险越来越高，而这一切本是可以避免的。

农业工业化导致的另一个难以挽回的后果是，产量增加导致人们的食欲增加。为了满足食欲，人们培育出大量家养禽畜如猪、牛、羊等。而某些物种的繁殖增加会导致其他大量物种的灭绝，这其中大多数是人类自以为是的生活方式导致的额外损害。此外，大量饲养牲畜也使得本已不断增加的温室气体进一步增加。根据一些前沿统计，畜牧业的温室气体排放量能占到排放总量的 30% ～ 51%。

工业生产正在蹂躏自然栖息地，并使土壤退化、海洋酸化。我们正在破坏古老的生态系统和所有生命，其中也包括我们自己赖以生存的重要食物链。美国大多数人现在生活在城市里，而城市也是工业革命的另一个副产品，因此我们很容易忘记，自己也是大自然的一部分，自己的健康依赖于大自然。

如上所言，我们正以种种方式消耗着地球上至关重要的自然资源，这些方式与人类社会制度对人力资源的消耗方式极其相似，而我们的教育系统就是这些社会制度中的典型。

海洋依靠各种鱼类和植物来维持其微妙的平衡。与此相似，人类的生态系统也依靠每个人各自不同的才能和技能以适应日益复杂的生活。工业化养殖以破坏性的拖网捕鱼和不合理的兼捕（bycatch）消耗着海洋生物。所谓

“兼捕”是指在捕鱼时会无意中捕捞到目标以外的鱼类和生物，伤害或者切除某些具有经济价值的身体部位之后，再丢弃到海洋里，任其自生自灭。我们的教育系统正以类似的方式消耗着人们与生俱来的多样性，它优先考虑一小部分被认为更重要的技能和科目，而把其他技能和科目丢在一边。

工业化的教育

工业革命需要特定类型的教育系统，以达到特定的目的，即劳动力分层。因此，工业化创建的教育系统也是分层的：培养少数学生从事行政和专业性工作，更多学生从事贸易类工作，大多数学生则从事蓝领工作。工业化的社会需要比大学毕业生人数更多的体力劳动者，因此教育系统被设计成金字塔形，以满足这一需求。

尽管从工业革命发生到 21 世纪，人类社会已经发生翻天覆地的变化，但“正规”的教育系统在结构上仍然是工业革命时代的样子。这套系统设计出种种条件，其初衷是批量生产标准化的产品，即学生，设计目的侧重输出和产量。我们的学生和教师在这些条件下浪费了大量时间。工业化的农场将数量、规模和成本置于质量、健康和自然生态系统之上，而我们的教育系统则将出勤率、考试数据和大学录取率置于幸福感、创造力和学习之上。工业化农场给农作物和牲畜注射大量抗生素，而教育系统则给孩子开出稳定情绪和提升注意力的“药物”，用以对抗他们内心真实的焦虑、压力和疏离感。

抑郁症是 15 ～ 19 岁青少年致病或致残的十大原因之一，也是 10 ～ 14 岁的青少年致病或致残的重要原因。这些统计数据背后暗含的因素很多，也很复杂，包括创伤、虐待、疾病和贫困。但不可忽视的是，如果孩子们被要求日复一日地连续坐上几个小时，做他们认为无趣的事情，参加他们认为可怕的考试，为他们认为没有希望的未来做准备，他们可能会坐立不安，变得焦虑、紧张或者疏离。

工业革命的大多数系统设计都基于一致性原则，其对教育的设计也是如此。在教育中提倡一致性的问题在于，人们从出生就不是标准化产品。挑战学校教育中的一致性观念并不意味着提倡反社会行为。所有社群都依赖于人们商定的行为习惯，这与打破学校教育的一致性并不冲突。挑战学校教育中的一致性，意味着对单一标准的评判制度提出异议。从这个意义上说，替代一致性的方法就是发展多样性。正是多样性使我们人类如此独特和充满活力，如果不保护和发展人类的多样性，我们就会继续消耗人力资源，如同我们消耗地球的自然资源一样。如果我们不改变在这两方面的现有路线，就会有灾难性的影响。我们可以从一个方面吸取教训，并将其应用到另一个方面。

再生农业的兴起

科学家普遍认为，工业化的农业系统不可持续，地球根本没有足够的资源来满足我们的需求。幸好，再生农业和再野化（rewilding）运动越来越普及，它们与工业模式的基本运作方式很不相同，不再专注于标准化，而是优先考虑多样性。

再生农业的从业者优先考虑生态系统。他们首先关注的是土壤，土壤本身就是一个丰富多样、培育生命的生态系统。如果土壤健康，生命就会无限繁荣。在健康的土壤中，各种作物在一起紧密地生长，它们自行发展出自然保护系统，并为那些依赖它们的昆虫和野生动物创造繁衍生长的条件。再生农业的从业者还懂得遵循季节规律和自然的作物轮作周期。他们也以同样的方法对待牧场上游荡的动物，在放牧过程中，他们既为牲畜提供所需的一切，也注意保护草原生态。反过来，受到保护的草原又有助于昆虫授粉、吸收水分，并通过保持土壤健康来帮助保持生态系统的繁荣。

再野化是指将自然生态系统恢复到它们自给自足状态的过程，这需要将大片的土地、森林和海洋留作自然保护区，还可能需要重新引入关键物种，以帮助生态系统重建。再野化的核心是让自然界摆脱人类的干预，无论是狩猎、伐木还是捕鱼，从而使其有机会重建。没错，它确实在重建。自然界最不可思议的力量之一就是它的愈合能力，生命总能找到出路。

以切尔诺贝利为例，那里发生过人类历史上最严重的核灾难。这座城市的人在灾难发生的 24 小时之内撤离后就再没有回去，于是城市一直保持原状。就在灾难发生之后不到 40 年，现如今那里的自然生态系统已然恢复。

看看这些景象——大树在建筑物中生长，濒临灭绝的动物在荒废的街道中自由漫步。

除了切尔诺贝利这种突发灾难和巨大破坏，还有其他一些人类有意识进行的破坏性不大的再野化例子。其中最著名的例子是 20 世纪 90 年代将狼重新引入美国黄石国家公园。19 世纪，主要由于农业方面的原因，黄石国家公园的狼从它们的自然栖息地消失了。没有了狼，鹿就开始在公园里过度繁殖、过度进食，破坏了许多植物。20 世纪末该地重新引入狼群，不仅使鹿的数量减少了，还改变了鹿的行为，使其完全远离公园的某些区域。鹿群停止了对树木的骚扰，使得树木能够长到正常高度，其他植物也重新开花、结果，浆果数量增加使得其他更小的生物得以觅食。进而，猛禽也重新回到公园觅食。公园的土壤变得更加健康，河岸也因此得以加固，就这样，黄石国家公园重新兴旺了起来。

值得注意的是，由于工业化系统对自然栖息地和生态系统的退化负有责任，因此再野化对地球的未来至关重要。从某种意义上说，尽管没有什么方法可以做到纯粹地“再野化”，我们也不能完全找回自然界的伊甸园，但我们至少可以为大自然和生命的恢复创造条件，扭转大部分应该由我们负责的损害。

再生农业和再野化实践的共同点是尊重生态系统，它们为生命的繁衍创造条件，然后退后一步，任它自然发展。这恰好与教育系统应有的变革存在异曲同工之妙。

让教育再生

土壤适宜时，农业系统会蓬勃发展。同样，文化适宜时，孩子也会茁壮成长。“测试–产出”模式驱动的

“跨栏比赛”并不意味着教育系统的成功。

IMAGINE IF…

当个人受到认可、多样性得到发展时，教育系统才是成功的；当学生们得到满足并且继续过着充实的生活时，教育系统才是成功的。

学校是更广泛的文化生态系统的一部分。就像精明能干的农民会培育植物的自然生态系统一样，百年树人的学校也会发展自己与更广泛社群之间的联系。它们会在自身内部建立创造性联系，让学生以跨年龄、跨课程和跨学科的方式学习。它们不会进行一代又一代的单一文化（mono-culture）培养，而是鼓励基于科学、艺术、技术、个人激情和学生自主决定路径的混合文化。

只有当我们理解并认识到教育也是有生命力的系统

时，教育才会真正进步，而艺术正是为学校富有生命力的文化注入的活力。就像熟练的农民专注于土壤，为植物的生长和繁茂创造条件一样，熟练的教育工作者应专注于为儿童的生长和全面发展创造条件。那么，在实践当中，这又是什么样子的呢？

IMAGINE IF.........

第 6 章

重建未来：让学校成为一片沃土

教育的任务是为生命和学习的蓬勃发展创造合适的条件。当这一切发生的时候，我们就会发现，原来自己一直在创造奇迹。

第6章
重建未来：让学校成为一片沃土

系统，是指一系列具有综合效应的相关过程。世界上有许多不同类型、或简单或复杂的系统。例如，杠杆就是个简单系统，它包含一根坚硬的杆子，杆子的某处有个支点，当外力施加到长的一端时，短的一端就会产生更大的力。复杂系统则由许多简单系统组成。根据设计，简单系统之间协同运作，就可以解决某些比较复杂的问题，其例证如计算机、烤箱或者机械起重机。

然而，像植物、动物这样的生命系统，不仅复杂而且难懂。生命体由许多系统组成，这些系统看似完全独立，实则紧密关联，每个系统都依赖其他系统维持整个生命体的健康。比如，根部受损的植物就无法茁壮成长。生命系统的健康也依赖所处环境的健康。比如，一棵屹立数百年的老树有可能因为突如其来的干旱或大风而死去。

尽管如此，生命系统也有适应和进化的能力，它们与物理环境的关系是动态的。有个广为人知的例子是，许多树木会与土壤中的真菌组成被称作“菌根”（mycorrhiza）的共生关系体。这些真菌可以通过植物的维管束直接吸收碳水化合物，并通过自己更加细密的菌丝帮助植物固定环境中的氮、矿物质以及水分。在丛林中，植物们还能通过菌根将单个植株联结起来形成更加复杂的地下网络，在植物之间直接运输水、碳以及其他营养物质，为那些无法获得阳光的树木创造一条生命线。这种现象被称作“树维网”（wood wide web）。

第 6 章

重建未来：让学校成为一片沃土

教育系统也是个复杂的自适应系统，系统中有许多子系统，子系统在自运转的同时，也不断地互动，以保持整个系统的运作。参与整个系统运作的“简单的”子系统包括：每所学校和所属部门、社会服务机构、学生咨询和心理服务机构、医疗保健机构、考试及测试机构。此外，系统中还有许多利益相关群体，包括学生、家长、教师、雇主、学术和商业组织、出版商，以及政治人物。

同时，教育也是个生机勃勃的系统，基于每个人的真实互动而存在。就这样，当面对层出不穷的新技术、诡谲多变的政治氛围以及种种突发的全球事件时，它也能不断适应和发展。正因为教育系统是自适应且可以改变的，同时它所依赖的环境和条件已经发生了巨大变化，所以其自身也不得不随之而变。

把学校打造成学习者社区

生态系统也是一个复杂的自适应系统，是一个“由相互作用的生物体及其物理环境组成的生命共同体”。虽然传统意义上的“生态系统”是指珊瑚礁和热带雨林这类自然界的系统，但其实一所学校也是一个生态系统。**每所学校都是一个活生生的社区，人们以关系、经验和感受来互动。**无论是招生部门、后勤部门、业务发展部门、董事会还是家长教师协会、学生福利代表以及学科部门，它们都互相依赖而运作，使整个学校蓬勃发展。一所学校的课程表和时间表或许经过精心设计，但如果大家都坐在危房中学习，体验当然不会太好。一所学校或许拥有世界顶级的硬件设施，但校园霸凌也会立马让整个环境变得令人窒息。

学校也是更广泛的文化生态系统的一部分，它并非存在于真空之中，远离世间纷扰。事实上，学校会以各种方式卷入外部世界。特别是由于学校网络组成了更为广泛的教育系统，因此学校会直接受到文化生态系统的影响。如果教育系统把高利害测验置于绝对优先位置，那么系统中的每个学校自然就会承受重负；如果教育系统普遍将学生视作数据点（data points），那么学生也会以这种危险的方式看待自己。如果树根腐烂，这棵树恐怕很难茁壮成长。同理，如果大的政治氛围看重考试成绩和大学录取率，那么单个学校恐怕也很难在那些真正重要的事情上自行做出决定，比如在协同工作和本地议题等方面。

我们应该如何修复这个背离目标的系统呢？先想想单个学校的情况。根据第 4 章中的定义：学校是学习者的社区，一个学习者聚集在一起相互学习的共同体。这个定义可适用于任何学习社群，比如私立学校、州立学校、义务教育学校、民办公助学校，甚至在家上学的群体和其他不去学校上学的人。

重振学校的生命活力

聪明的环保人士知道，让自然界复原的最好方法就是为生态系统的繁荣创造条件，任其自然发展就好。地球知道如何让生命蓬勃发展，毕竟这是它最基本的功能。那些糟糕的“环保”工作者恰恰相反，他们忽视生物多样性，既想干预每一株草的高度，又想决定每一棵植物的位置，甚至连这些植物周围其他物种的种类和生长频率都要指手画脚。从表面来看，这种干预的结果或许也挺美观，但仔细观察就会发现，那只是对自然界的拙劣仿制。这种对环境的“保护”只关注结果产出，而不关注过程，并不能长久。

我们的教育改革运动就如同这种糟糕的“环保”工作者，忽略人的多样性，干预教育的方方面面，从阅读书目到教室布局都想插手控制。从表面来看，这种改革的效果可能很好，但仔细观察就会发现，它不过是真正的学习的拙劣仿制。他们极其关注考试成绩和毕业率这类结果，却忽视了学习过程。

IMAGINE IF

学生的天职就是学习，如果学生不学习，教育也就不存在。学校的宗旨应该是为学习创造条件，为此，我们必须为学校这一生态系统的繁荣创造条件，振兴学校的生命活力。

蓬勃发展的生态系统，关键在于多样性。学校本身就是培育多样性的沃土。那么，一个蓬勃发展的学校生态系统是什么样的呢？

重视教师的价值

教育的核心是教师和学生之间的关系。学校以及更广泛的教育系统却常常忽视教师的价值，这是极其严重的错误。一些主要的教育系统对教师的培训不足，支付的薪酬不足，尤其不够尊重教师的付出。他们让教师扮演服务业工作者的角色，学校似乎变成快递公司的一个分支机构，而教师负责按照标准交付产品。他们还对教师实行所谓的“微观管理”，在某些情况下甚至将教师的职业保障与学生的表现挂钩——学生考核通过，教师才算过关。与此同时，教师的专业知识和意见却被系统性地忽略。而那些充满活力的教育系统则非常重视训练有素、积极性高的教师，在那样的系统当中，教师获得了信任和丰厚的报酬，并受到了专业人员应得的对待。

教学是一种艺术。优秀的教师会使用多种教学方法，从直接指导到给学生提供脚手架。他们还会像所有的专业人士一样，发挥自己的判断力和鉴赏力，对具体情况进行具体分析。因此，有效的教学是个不断评估、调整和反馈的过程。在不同角色当中，教师用自己的热情激励学生，帮助他们获得那些成为自信、独立学习者所需的技能和知识，还帮助他们发展那些能够探究问题、提出问题、培养原创思维的技能和性格。一个健康的学校生态系统会向教师赋权，鼓励并扶持他们的成长和发展。

跨学科学习

在第 4 章，我们探讨了学科而非科目的概念。按照科目分类导致的问题是，课程的不同范围会被科目的主题所限定。比如，一个常见的说法认为，科学和艺术在教育中相互对立：假如科学是关于真理、客观世界以及确凿知识的，那么相比之下，艺术仅仅关注情感、主观感受以及创造力。然而实际上，艺术和科学之间有许多交会点。所有能够推动科学向前发展的伟大发现，都是既依赖于飞扬的想象力，也建基于扎实的科学实验。而且，艺术还是一种高度规范的实践形式，它需要精湛的技能和良好的批判性思维。

使用学科而非科目的概念，开启真正的跨学科学习方式，将能够使课程的各个方面更加贴近并反映真实生活，并在此基础上自然相交和融合。在校园之外，学科正在动态变化和发展，校园之内当然也应该如此。

混龄教学

我们考察过许许多多的学校，收集了许许多多儿童学习的案例。我们发现，孩子们的思维、行为和学习方式各不相同。虽然大多数孩子都会在差不多的年龄达到各种发展基准，如走路、说话以及迎来青春期，但是如果你自己为人父母，就会知道每个孩子都有自己独特的发展轨迹。孩子们以不同的速度学习不同的东西，比如一个孩子可能在很小的时候就是个敏锐的阅读者，但在大运动发展方面相对滞后；而另一个孩子可以轻松掌握科学概念，却在沟通技巧方面需要更多培养。

在传统学校里，孩子们被按照年龄分组教学，所有 7 岁的孩子在一组，与所有 9 岁的孩子分开。从行政管理的角度来看，这或许不错，从工业化优先级的角度来看，这么做也有点道理。然而，当涉及“儿童如何学习”以及“学习什么”这类问题时，按年龄分组教学根本没有意义。

让不同年龄的孩子一起学习，无须按照实际年龄分

组，而是按照他们对某件事的精通程度来分组。年长的孩子相对成熟，他们可以帮助年幼的孩子学习，在这个过程中，年长的孩子当然也可以从中获益。将不同年龄的孩子聚集在一起，不仅使得每个人的经验、知识和能力得以增强，还给他们提供了相互扶持以及培养共情、责任感和耐心的机会。

基于个性化的教育

你无法强迫一个人学习，因为学习是一种非常个人的行为，必须让学习变得“个性化”，才会产生真正有效的学习。有些人认为不可能对每个学生进行个性化教育，他们说代价太高而且不切实际，因为教师根本无法给每个学生分配那么多的时间和精力。我对此有两条回应。

第一，我们别无选择。教育是非常个性化的行为，任何人忽视或者试图否认这一事实都是在浪费时间。至于费用，个性化学习是一种投资，而不是一种成本。忽视个性化的代价就是天价——康复计划（rehabilitation program）、重新参与计划（reengagement program）和替代教育计划（alternative education program）都需要大量的预算来维持，而这些计划常常依靠个性化学习的方法吸引年轻人，让他们愿意重新接受教育。试想，如果所有的教育从一开始就是个性化的，从一开始就没有放弃那么多学生，那我们还需要在上述计划上浪费大量资金吗？

第二，每个学生都可以开始个性化学习，尤其当他们能够创造性地使用新技术的时候。有些人想当然地认为，生活的许多方面都可以个性化，从汽车到食物再到手机都是如此。但是他们认为，由于某些原因，教育不能个性化。

想要规定“如何个性化学习”的确违反常识，因为每所学校都有独特的环境、资源和需要考虑的各种人与团体。尽管如此，不同的个性化学习方法也有其共同点，即热衷于思考两个问题：儿童如何学习，以及他们需要学习什么。

IMAGINE IF …

基于个性化的教育至少意味着承认人的智能是多样的和动态的，因此允许学生追求和发展其特有的兴趣与特长。

基于个性化的教育还意味着允许学生根据各自不同的学习速度来调整时间表，并在评估形式中纳入学生个人进步与成就的维度，我会在下文详谈这一点。

制定灵活的时间表

设置课程时间表是为了促进学习。与其让教师和学生在不同教室、不同科目之间来回切换，不如好好理解每一项教学活动，让时间表真正为其服务。如果企业要求员工每隔一分钟就要换一个工作间并切换工作内容，那企业很快就会倒闭。这样一对比就会发现，许多学校用死板的课程时间表约束教师和学生简直太荒谬了！希望人们一听到铃声就马上停止手头工作并切换工作内容，这不仅是个奇怪的想法，而且违反学习常识。用这种零散的时间表把一天分割开来，是当前许多学校的做法，从行政管理的角度来看，这或许有意义，但也仅此而已。不同的活动需要不同的时长，一项小组活动可能需要好几个小时的连续工作时间，而个人写作最好在一系列较短的时间内完成。如果时间安排是灵活且个性化的，就更有可能促进健康的学习生态系统，使学习真实地发生。

让评估清晰可见

评估，是教育当中颇具争议的话题，也是教育生态系统的重要组成部分。从根本上说，评估是对学生的进步和成就做出判断的过程，由两个部分组成：描述和评价。如果我们说某人能在游泳池里游 5 个来回，这是对其能力的客观描述。如果我们说某人是本地区最优秀的游泳运动员，这就是一种评价。评价就是将个人表现与其他人相比较，并根据特定标准给其评分。评估有很多作用，主要体现在三个方面：

- 诊断性的，即帮助教师理解学生的能力和发展水平。
- 形成性的，即收集有关学生作业和活动的信息以更好地支持他们进步。

- 总结性的，即在学习计划结束时，呈现学生的整体表现。

这一切看起来很简单，但评估之所以是个有争议的话题，是因为它已经成为标准化和高利害测验的代名词。在整个教育生态系统中，政府和其他许多人都忽视了评估的初衷。现如今，评估被用于种种极具伤害性的目的，比如参与国际竞争、决定一个孩子的终身成果，以及考核教师是否可以保住饭碗。

实际上，评估完全可以采取多种方式：从课堂上的非正式判断，到正式的作业和考试。它可以参考许多形式的关键信息，包括学生的课堂参与、工作档案、书面论文和其他形式的作业。工作档案可以详细描述学生所做的工作，其中还包含学生个人的示例和反思性评论。在同学们的分组评估中，每个学生都要对彼此的工作做出评价。良好的教育生态系统善于利用种种方法，以确保学生以适当的速度进步。

对评估的最大误解就是把它看作教育的所有及终点。其实，评估是整个教学过程的重要组成部分，应该与日常教学和学习过程自然交织，并成为学校文化不可或缺的一部分。

理解游戏的意义

游戏是所有人学习和理解世界最自然的方式，儿童尤其如此。几乎在所有文化中，游戏的重要性都得到了认可，并被广泛地研究、评议和支持。然而在学校里，游戏常常遭遇轻视甚至排斥。随着儿童的入学年龄越来越低，集体化的早期教育方式导致孩子们过早地失去了自由玩耍的权利。从学前班开始直到小学毕业，不断增加的家庭作业和结构化的课外补习班使得越来越多的孩子在成长过程中无法享受游戏的乐趣，即使这是他们发展过程中极其关键的部分。

孩子天生拥有强大的学习能力。如果任其自由发展，他们会探索各种可能，并做出我们不能，也不应该为其做出的选择。游戏不仅是学习的基础，也是孩子的自然表达以及培养好奇心和想象力的关键方式。

IMAGINE IF……

孩子玩游戏的时候，教育者最该做的就是在旁边观察并让其自然发生。孩子不需要学习如何游戏，也不需要在玩游戏的时候被安排、被监督，他们只需要空间和自由，去做他们本来就擅长的事。

搭建有意义的联结

优秀的学校懂得如何与其所处的社群建立更广泛的联系，并不断创新和加强相互联结的方式。这些学校不会把自己隔离或隐藏起来，而是会成为整个社群的学习中心。城市和本地社群拥有丰富的资源和经验，这些正是学校想要争取的东西。孩子们学习的很大部分是文化内容，如果让他们获得对社群的探索机会，他们会在真实的本地化学习中吸收社群里的基本生活方式和文化，了解与其身份和居住地有关的知识经验，而社群会帮助未来公民积极参与本地事务。这当然是一件能够使个人的学习事半功倍，并激发整个文化系统的活力的事情。

此外，与家庭的联系可以帮助学校更好地了解学生，而很多学校一直在忽视甚至主动避免让家长或照顾者参与。学校面临的许多挑战如校园霸凌或纪律问题，虽然在校园内出现，但其源头大多在学校之外。与家庭和社群建立更紧密的联系，就是了解并解决这些问题的最佳途径之一。

IMAGINE IF......

想要创造健康的学校生态就必须意识到，无论学校本身还是其学生，都处在更广泛的生态系统之中，外界环境与他们息息相关。

重视实体环境

“学校”由实体空间构成。当你走进一所学校的大门，立刻就能感受到它的校园文化。有些学校有着让人感觉不近人情的条条框框，有些学校则让人感到活力四射、充满生机。实体环境不仅是外在的化妆品，更会影响整个学习社区的情绪、动机和活力。

相比以前，我们现在更加清楚地知道，实体环境在学习过程中扮演着重要角色。室内的亮度、温度、空气质量等的好坏，都会影响这个环境是否适合作为学习空间。桌椅用具当然也很重要，如果让小孩子和年轻人在硬邦邦的椅子上连续坐上好几个小时，他们当然很难持续地集中注意力。然而大人们常常指望他们像这样坐着的时候能够不扭动、不烦躁、不抱怨。如果学生在教室里坐得舒服，他们就更有可能参与到课堂中来。甚至，如果他们可以选择多种姿势就更好了，比如坐着或站着，坐在地板上或者坐在桌子上。

人类作为生物，依赖阳光和新鲜空气来生存和成长。充分利用户外活动来丰富学生的学习体验，也是一所学校生态健康与否的重要标志。毕竟，不同的活动需要不同的空间和氛围。

倾听参与者的声音

儿童和青年人在总体人口中占有相当大的比例。但是由于种种原因，社会系统性地忽视了他们的声音。他们不是教育的“产品”，而是整个教育系统得以存在的基础和运行的关键。因此，让儿童和青年人了解社会的运作过程，参与决定那些与自己有关的事，并非什么革命性的理念，而只是一个再正常不过的倡议。

IMAGINE IF

健康的学校生态依赖多方面因素而存在，包括个体之间的互相尊重、对群体需求的共情，以及整个社区共同的福祉、目标和承诺。这些价值应该成为每所学校最为核心的部分。

为奇迹的发生创造条件

地球上的生命真是不可思议。比如我们自己就是一个奇迹：从一颗小小的受精卵，在子宫里发育成一个完整的人来到这个世界上；从一个方方面面都需要依赖父母而生存的小生物，逐渐成长为有独立思想、能够独立生存的成年人。这一切确实太神奇了。如果我们说这是一种奇迹，则意味着它是偶发且罕见的。

在人类社群里，就如同在自然界当中一样，奇迹每天都在发生，这对自然环境和人类社群的蓬勃发展至关重要。**作为教育工作者，我们的任务是为生命和学习的蓬勃发展创造合适的条件。**当这一切发生的时候，我们就会发现，原来自己一直在创造奇迹。

IMAGINE IF......

第 7 章

应对危机的关键：重新认识人类潜能

我们关于未来最美好的期待就是，重新认识和理解人类的潜能，以迎接人类生存的新纪元。

第 7 章

应对危机的关键：重新认识人类潜能

自人类诞生以来，已经有大约 1 000 亿人在地球上经历过生老病死。现在让我们暂停一下，花点时间想想，你是如何成为人类一员的。你祖先的优秀基因经历了一代又一代的相互交融，在过去许多个世纪里，数不清的人彼此邂逅，然后一起生活、共同繁衍后代，直到你的父母遇见彼此，一起生活，然后才有了你。想想所有这些导致你降生的偶然事件，无论是自然环境的改变、政治动荡导致的人口流动，还是各种危机、战争和其他种种变动，人与人的相遇都是天文数字级别的小概率事件。关于这种概率之小，有很多不同的说法。有一种说法认为一个人出生的概率只有 400 万亿分之一，还有一种说法认为是约 10 269 万分之一。无论如何，你降生为人的概率都极其微小。然而，你最终还是站在这里，成为一个真正的人。

你的祖辈历经千年编织了这美妙的生命锦缎，你就是其中最新的一条线索。你携带着祖先的所有生物记忆，这些记忆影响着你的种族、相貌、体质、能力与性格。当然，你不是你父母和祖先的直接复制品，你是独一无二的个体，由许多独特的个人特点组成，而这些特点有机地呈现在了你的身上。

我们无法决定自己生于何处、生为何人，也无法决定自己遗传何种基因，但我们最终成为什么样的人，是由我们的个性和生活环境共同影响并塑造的。当人们生活的社群能够创造共同的思想、价值观和行为模式的时候，文化就会出现。每个人都受到各自身处社群的文化和世界观的影响。你生活在贫困还是富足条件下，你成长在战争还是和平环境里，你是否能够接受好的教育，凡此种种都会影响你成为什么样的人。在你的一生中，会面临无数或大或小的机会，而你的每一步选择和放弃也会影响你的生活节奏。简言之，从你的祖先血统，到你的天赋和个性，再到你生活的环境，这些因素综合起来使得你的生命和生活与众不同。

过往经历或许无法改变，但未来充满种种可能。之所以存在这些可能，是由人类的本性决定的，比如我们在本书中谈到的大脑的多种运作方式，特别是我们的想象力和创造力。你用许多方式构建自己的生活，包括如何看待世界和你在世界上的角色，如何抓住或放弃机会，如何看到各种可能并有所选择。生命是个有机体，很少有人说自己在过去就已预见未来的实际生活。有些人正在做的事情或许跟自己预想的差不多，但没有人能够预见种种细节，无论是具体工作，还是伴侣、家庭与孩子，这些都无法预见。因为生命既不是线性前进的，也不是可以预测的，而是一个由兴趣与个性、环境与机遇共同影响的即兴创作过程。

然而同时，生命也是有限的。虽然你无法预测生命当中可能出现的无数曲折，但有一件事你非常确定，那就是，生命会在某一刻结束。曾经有人说，每当你看到某人的生卒日期时，最重要的是留意中间那个连接号：从出生到死亡，他们在一生当中做过什么？

不容忽视的人力资源危机

在西方文化中，人们通常回避死亡。不是回避死亡本身，而是不承认、不谈论、不思考它到底意味着什么。

这导致许多人就这样浑浑噩噩地活着，似乎自己和所爱的人永远不会遭遇死亡一样。每个星期，他们都忍受着生活的煎熬，等待周末的到来。日子一天天过去，他们越来越感到自己失去了获得幸福与满足的机会。我们倾向于认为，随着年龄增长，我们的能力会下降，而那些失去的机会永远不再出现。我们还在学校、企业、社区、广告以及流行文化中大肆散播这种谬论。

西方文化的主流世界观基于做出区分和寻找差异，而不是基于寻求协同和联系，这使得人类的心灵与身体之间、人类与自然界之间形成明显的差别。这或许可以解释一种现象：我们虽然知道吃进去的食物会影响身体运作，却不明白我们的消耗也会直接影响地球生态。不良饮食导致的“自残式”疾病发病率上升，是人力资源危机的一个例证。我们在第 2 章谈到的抑郁、焦虑和自杀率的上升则是另一类严重问题。整个社会系统令人失望至极，相关例子真是不胜枚举，越来越多的人对工作不感兴趣，越来越多的学生对教育感到疏离，越来越多的人正在使用抗抑郁药、酒精或其他控制情绪的药物。

同时，也有许多人对生活和工作充满激情。他们相互联系、协调发展并感到满足。当然，没有谁的生活自始至终都完美幸福，但这些人的确正在充分拥抱美好生活。他们之所以能够做到这样，至少有一部分原因是他们找到了自己真正热爱的东西，并且能够沉浸其中去享受。

天赋让你的生活有激情、有目标

在《让天赋自由》(*The Element*) 和《发现天赋的15 个训练方法》(*Finding Your Element*) 这两本书中，我深入探讨了关于天赋的话题，不过在此仍有必要说明一些关键点。天赋，是指我们喜欢的事情和擅长的事情的交会之处，它是自然能力与个人热情相遇的地方。一个人有自己擅长的事情很重要，但只是这样还不够，因为很多人擅长的是他们不喜欢的事。要把擅长的事变成天赋，你就不能只是擅长，还必须喜欢，你要享受把擅长之事变为工作的乐趣。天赋有两个特点和两个条件：特点是指能力和热情，条件是指态度和机会。发现并发挥天赋的过程通常是这样："我发现它了！"——"我喜欢它！"——"我想要做这件事情！"——"咦，它在哪里？"

为什么发现自己的天赋对每个人来说都很重要？还有两个需要阐释的原因。其一是个人方面。生命非常短暂，我们只有一次机会享受生命。弄清楚自己喜欢什么，对于自我认知、人生规划和行动决策都很重要。其二是经济方面。随着人类世界的发展，我们的社区和机构的未来取决于能力的多样性。

世界的发展变化越来越快，我们关于未来最美好的期待就是，重新认识和理解人类的潜能，创造一种新的能力范式，以迎接人类生存的新纪元。

发现自己内在的喜好与热情，既是创造美好生活的最佳保证，也是我们共同应对多变未来的绝佳机会。人的天赋对于学校、企业、社区和机构具有重要意义。其核心原则基于人类成长发展的更广泛、更有机的概念，我们在前几章已经谈论过。总的来说，我们需要改变培养人才的方式，支持个体多元的发展，并了解不同的个体都会怎样展现他们独特的才能。

在第 2 章中，我们分析了当下的世界，这是由我们创造的世界。在人类历史的大部分时间里，世界的变化很慢也很小。我们的祖先可以相对确定地知道自己的未来，甚至就连他们的孩子、孩子的孩子的未来，也都可以大概想象得到。而在我们这个时代，一个人在有生之年就可以看到新技术一次又一次地改变现实。我们不仅深知这种改变之快，而且它已经实实在在地发生了：智能手机曾经是一种不可思议的东西，而现在在许多地方，没有智能手机才是不可思议的事。手机还只是众多新技术之一，除此之外还有无线网络、电动汽车、视频会议、社交媒体和其他很多东西，这个清单可以列得很长并在不断增加。

IMAGINE IF……

应对未来的唯一方法就是发挥我们自己的才能，而前提就是拥有灵活的、使学习富有成效的教育生态系统。

关于未来，我们能够确定的是，它会和现在很不一样。因此，如果我们要直面未来，就必须用与以往截然不同的方式思考人类自身的资源以及如何开发它们。如果我们想让自己和其他人都达到最佳状态，就要欣然接受一种更广泛的、关于人类潜能的构想。

拯救地球才能拯救人类

如果想要在未来延续人类文化，一方面要理解人类成长的动态原理，另一方面要理解和保护我们所依赖的自然生态系统。长期以来，人类一直将大自然视作取之不尽、用之不竭的资源宝库，因而无限度地开采、砍伐、捕捞，肆意蹂躏大自然。

我们施加于地球的粗暴行为，已经使它不堪重负，这也把人类带到了危急关头。20 世纪 50 年代以来，我们一直处于所谓的“大加速”时期。从那时起，人类活动对地球的地质和生态系统的影响就在持续显著地增加。我们的种种作为和索取已经远远超出了地球的负荷。

地球上的所有居民共同组成了一个制衡系统，以维持生态环境的微妙平衡，捕食者和猎物之间的食物链关系是其中一个重要部分。在坦桑尼亚的塞伦盖蒂国家公园，每个捕食者都有超过 100 只目标猎物，因为捕食者其实很辛苦，而且往往收获寥寥。许多动物都发展出了复杂的身体技能，避免让自己成为猎物和食物。例如，有些章鱼会伪装成水母，有些青蛙身上会长满有毒腺体。尽管这些技能很厉害，但它们并非永远奏效，因此捕猎和被捕的循环仍在继续。

人类的命运则大不相同，我们早就不必过这种担惊受怕的日子了。当然，在公平的决斗中，我们不可能打得过狮子或老虎，但我们已经发展出了人类的生活方式，不必担心自己成为其他动物的猎物和食物。比如我们有治疗青蛙毒液中毒的药方，可以用喷雾剂消灭昆虫，甚至当有些捕食者打扰我们的娱乐活动时，我们有能力在它的地盘将其杀死，想想那些靠近海滩的鲨鱼吧。现在的我们肆无忌惮地在地球上活动，并持续地伤害着这个星球。除非每个人都从现在开始对个体和社群的生态与未来负起责任，否则我们所有人都将面临灭顶之灾。

当我们谈论所谓“拯救地球”的时候，其实是想说拯救地球上的人类。正如前文提到的，如果人类不去干扰，大自然总有办法找到自己的出路，而我们人类自己并不一定如我们想象的那样能在这个星球上拥有一席之地。经由上文叙述，我们已然看到，人类就像地球上的其他所有生命一样，会在某些条件下茁壮成长，而在其他条件下枯萎凋零。这既与我们的心理和精神健康有关，也与我们的肉体生存有关。如果地球继续变暖，如果二氧化碳、一氧化二氮和甲烷这些温室气体含量继续上升，如果海洋继续酸化，我们就会亲手毁掉这个对人类和其他生命来说最宜居的星球。

毫无疑问，我们处于一个危急关头，但现在行动还为时不晚。就像我们自己的生活一样，一切都在进行当中，剧本还未最终敲定。我们可以单独行动，也可以加入集体行动，但是必须行动起来。至少到现在为止，在未来很长时间里，地球仍然是我们唯一可以生存和居住的家园。我们没有其他选择。

正如媒体人大卫·爱登堡爵士（Sir David Attenborough）所说：

> 我们之所以能走到今天，是因为我们是地球上有史以来最聪明的生物。但如果我们想要继续生存下去，仅有聪明已经不够，我们还要有智慧。

在命运的十字路口展望未来

自然危机和人力资源危机相互关联。脊髓灰质炎疫苗的发明者乔纳斯·索尔克（Jonas Salk）提出这样的看法：

> 如果所有昆虫从地球上消失，那其他生命也会在 50 年之内消失。但如果人类在地球上消失，那其他生命会在 50 年之内蓬勃发展。

他的意思很明显，我们人类已经成为问题本身。

人类非凡的想象力造就了诸多伟大成就，并因此改变了地球的面貌，但也把我们带到了危险边缘。如果我们想要继续生存、发展并创造文明成就，就需要充分利用现有的人力资源。我们已经能够看得很远，甚至看到过月球表面并降落在月球上。但同时我们又看得不够远，仍然过于狭隘，过于考虑自己和人类自身，而未顾及人类行为带来的种种后果。

地球非常脆弱，而且已经严重透支。为了能够继续在这里生活下去，我们需要共同努力。我们唯一的希望是在人类目标的不同框架下发展想象力和创造力。而且，我们仅有一次机会。

IMAGINE IF......

第 8 章

做出改变：
从现在开始

摇滚乐不是因政府倡议才出现的，革命也无须等待立法机构的批准，它们诞生于人们的日常事务。

第 8 章
做出改变：从现在开始

你是什么样的人，很大程度上由你所做的事而非你的想法来界定。莎士比亚说："别只是说你爱我，而是做给我看。"甘地也鼓励我们说："如果我们能够改变自己，那么世界的趋势也会改变。"他们说的都是同一个意思。

你可以整天充满想象，却不会有什么成就，而创造力可以帮你把想象变成实实在在的东西。同样，你可以整天充满善意，但仅仅这样也不能改变什么。改变世界需要行动，而且要从你开始。在前面的章节里，我们回顾并探讨了几十万年来人类想象力和创造力筑就的成果，以及它们如何将我们带到这里。我们正站在通往未来的十字路口：要么继续沿着老路往前走，不做任何改变——如果我们这样做，很快就会走入死胡同；要么选择另一个方向，改变以往的做法——这条路漫长但通往繁荣，会把我们带到难以想象的未来。显而易见，我们必须选择后者。那么，我们要做些什么呢？

革命是如何开始的

历史上的伟大革命往往是平地起高楼。美国独立革命的先驱没有坐等英国人赐予自由，而是起身反抗。法国大革命的起义者没有指望专制君主加入民主阵营，而是在自由、平等、博爱的旗帜下，既从字面意义上也从比喻意义上点燃了整个国家。所幸，我们在这里倡导的革命无须血流成河。

第 8 章
做出改变：从现在开始

既然革命不是政府领导的倡议，那革命是如何开始的呢？本杰明·富兰克林说这个世界上有三种人：第一种人雷打不动，第二种人伺机而动，第三种人积极行动。那种雷打不动的人认为一切无须改变，他们听不进别人的规劝。不要理睬这种人，他们就像水中巨石一样稳坐，任凭变革之水在身边流过而无动于衷。时间和潮流都站在转型的一边，随着潮流前进，他们终将被抛在身后。那些伺机而动的人可能会看到改变的需要，或者一旦被人指出问题，就会开始思考：怎么我以前没有发现呢？无论如何，他们愿意学习和行动，一旦能量被调动起来，他们就会是强大的盟友。还有那种积极行动的人。他们是变革的推动者，能够看到不同的未来形态，自己行动或者与人合作。他们不会征求许可或等候指令，而是积极行动。当有足够多的人行动时，就会酝酿出一场运动；当一场运动积蓄足够大的能量时，就会成为一场革命。人类学家玛格丽特·米德（Margaret Mead）对此深信不疑，她写道：

永远不要怀疑一小群有思想、有决心的公民能够改变世界。事实上，改变世界的恰恰是他们。

我们所倡导的革命，呼吁重新调整全球范围内的社会系统，呼吁从一种更新、更广的角度重新认识和理解人类的潜能和智慧，呼吁拥抱人才的丰富多样性。这场革命的基础是尊重个人的价值和自主决定权，相信人类进化的潜力，重视公民责任并互相尊重。所有这一切的起点，就是教育。

你就是系统本身

无论你是教育系统内的学生、家长、教师、政策制定者或政治家，还是教育系统外的企业家或专家，学校里发生的事都会直接影响到你。因为学校里的事会影响每一个年轻人，而他们终有一天会影响和改变社会。所以无论你是谁，都应该为教育系统的改变而努力：你可以在系统内做出改变，也可以要求改变系统，还可以从系统外采取行动。

从系统内部改变

每所学校内都存在变革的机会。学校之所以用某些方式做事，只是因为他们一直在那样做而已，但其中许多习惯性的做事方式并非强制性的，而是有一些灵活变动的空间。

你所处的位置和角色，就是你思考教育应如何变革的最佳起点。如果你是教师，对你的学生来说，你就是系统；如果你是校长，对学校和社区来说，你就是系统；如果你是政策制定者，对你所管理的学校来说，你就是系统。对于在教育系统内部与你接触和共事的这些人来说，如果你能改变他们关于教育的体验和经验，那么对他们来说，你就改变了这个系统。这样一来，你就已然成为整个广泛、复杂的教育变革的一分子。教育的变革必须从最基层做起，它不会在教育委员会那些闭门造车的会议中产生，也不在政客夸夸其谈的演讲中出现。教育是在学习者与教师之间发生的事，因此，在教育的变革过程中存在一个有关职责的自然生态系统。

教师

教师的责任是帮助学生学习。如果你是一名教师，你应该知道这不只是一份职业或工作，它是一种内心的召唤，甚至可以认为它是一门艺术。优秀的教师不只精通自己所教学科的知识，还了解自己的学生，并懂得利用专业能力回应学生的热情和疑问。他们不仅是教师，而且是可以提高学生信心的向导。他们帮助学生拥有自信和方向感。作为一名教师，如果你能够将以上这些价值观融入自己的教学实践中，就已经是在参与日常的教育变革了。

校长

校长的职责是在学校创造条件，使教师能够在其中发挥才能。一所学校如果想出类拔萃，关键是要有一个能够鼓舞人心的领导，他既要有远见，又要能够理解学习者所处的环境以及他们的想法。优秀的校长的主要工作不是提高考试成绩，而是聚集一群有共同目标的人。他们愿意承认，与那些真正核心的目标相比，学校里原有的那些惯例都是次要的。

政策制定者

政策制定者的职责是创造条件，使校长和学校能够正常工作。正如教师和校长应该为自己的学生和学校创造成长条件一样，政策制定者应该为其服务的学校和社区网络创造类似的条件。文化是一套关于什么可以接受、什么不可接受的许可规则。政策制定者应该倡导和促进各个层面的变革，允许学校打破陈规旧习，开拓新的路径。

IMAGINE IF

从愿景到变革之间，没有一条简单的路径。就像创作一样，变革是一个不断变化的过程，它需要不断行动、即兴创作和评估，并根据经验和具体情况重新定位。

如果你也身处教育系统之内，但比上面这几类人的影响和能力更小，你要如何参与变革呢？

第8章
做出改变：从现在开始

儿童和年轻人

嘿！整个教育系统就是为你们设计的。你可能不会有这种感觉，但如果我们承认，教育是教师和学习者之间发生的事情，那么你在其中就占有一半分量。其他的教育利益相关者多少都能发出自己的声音，但年轻人的声音被系统性地压制了。不过，年轻人，你们比自己想象的要厉害。

你们这一代人比此前任何一代人都更加紧密地联系在了一起。你们只经历过数字化时代，因此把这些技术进步视作理所当然，就像鱼儿认为水是理所当然的那样。但你们也是处于危险当中的一代人，如果情况不变，你们不得不比父辈更努力地工作，却只能得到不多的报酬，去支付更高的生活成本。同时，你们求职时的门槛也会更高。但是，你们这一代人已经在向父辈们展示，你们有激情、有决心，而且不畏艰险。从“为我们的生命而游行”到“气候大罢课”，再到“黑人的命也是命”[①]，这些运动中，到处都有年轻人的声音。在教育中，理解你自己的权利非常重要。联合国《儿童权利公约》第29条说：“缔约国一致认为教育儿童的目的应是：（A）最充分地发展儿童的个性、才智和身心能力……”所以，不要满足现状。

父母

2018年，《什么是最好的教育》（*You, Your Child and School*）一书出版，这本书回应了我们此前收到的大量家

---

① 这是发生在国外的三场群众性运动。“为我们的生命而游行”（March For Our Lives）于2018年发生在美国华盛顿，民众要求美国国会收紧枪支管制，该运动之后蔓延至全球。“气候大罢课”（School Strikes for Climate）是发生在多个国家的罢课活动，民众要求政界和经济界的领导人物采取措施应对气候危机。“黑人的命也是命”（Black Lives Matter）于2013年在美国发起，抗议针对黑人的暴力和系统性歧视。——译者注

长来信。这些家长对孩子的教育忧心忡忡，却不知道自己能做什么。其实，家长可以做的事情很多。

教与学存在深刻关联，其关键因素之一就是你和学校之间的关系。如果你不认为教育只是学校和教师的责任，而是需要家庭一起参与，那你的孩子就有可能在学校表现更好。你可以尝试先与孩子的老师建立良性互动，这不是为了审视他们的每个判断和决定，而是为了成为老师的盟友。很多时候，老师能看到孩子的某些行为和表现，但他们没有机会了解全貌。你可以告诉老师他们不了解的部分，反之亦然。你还可以加入家长–教师委员会，积极参与学校的文化和事务。甚至更进一步，你可以加入校董事会。你还可以为了变革而发起请愿活动。具体要以哪种方式参与，以及参与到什么程度，取决于你的具体情况和个人选择。期望每个家长都有时间和资源来参与学校社区工作是不现实的，而且对你的家庭来说，这可能也不是最佳选择。

IMAGINE IF……

在现在这样的教育环境下，父母最该做的就是帮助孩子以其独特的方式成长，为他们创造机会，发掘他们的个人天赋和兴趣。

从根本上说，你是孩子最好的代言人。相信自己的孩子，相信自己作为家长的直觉，而不是去相信系统中惯用的做法。

从系统外部改变

如果你从事其他职业，你也可以与教师合作，把你的精力、热情和特定的专业知识带入教育当中。将现实世界带入课堂，帮助学生发现他们可能不知道的新方向与新选择，这是教学过程中非常重要的一部分。因此，即使你不直接参与日常教学工作，你的声音仍然是这场革命的重要元素。那么，作为企业或个人，你具体能做些什么呢？

企业

当今世界，各种企业之间竞争激烈，创新和应对变化的能力尤为重要，已成为企业保持领先地位的必要条件。一旦有人拘泥于旧的习惯，就有可能错过变革浪潮，而其他那些抓住时代机遇的企业则会弯道超车。组织都是由人创建的，因此与人一样，都有生命周期。如果要生存下去，组织就需要不断地恢复活力。为了保持创新与灵活应变的能力，企业要不断创造条件，使其中的每个人都能与组织的创新能力相结合。有一种错误观念认为，企业当中只有一部分角色是负责创新的，而另一些不是。这简直是一派胡言。

如果你是一个创造型的领导者，就需要在三个方面发挥战略作用：

- 发挥组织中每个成员的创造力。
- 巩固和促进团队的活力与创造力。
- 打造普遍的创新文化。

有些人在求学期间就开始思考自己内心的追求与未来的规划，并与自己的身心建立全面联系。如果你有幸雇用到这样的人，那么一切就变得简单很多，因为你不需要从头开始教他如何创新。除了在你的企业内部打造一种创新文化，你还要与学校和其他组织建立强有力的联系，因为大家都处在一个更大的生态系统中，彼此联系而非相互孤立。

带薪实习是帮助年轻人在学校和现实世界之间建立联系的桥梁。关于实习，许多企业往往把那些琐碎且不受待见的工作交给实习生，把他们当作免费劳动力使用。实习的真正目的并非如此。实习是为了给年轻人提供一种探索不同职业道路的机会，并让他们在真实环境中获得工作经验。对你的企业来说，提供实习机会不仅能发现优秀人才、从年轻人的能量中获益，更重要的是，你在参与未来一代人的学习成长，这些人反过来又会帮助你的企业获得成功。

实习不只是年轻人的事，一生只做一份工作的时代已经过去，许多人都将在人生的不同阶段开始新的职业生涯。因此，你作为企业领导者，一种明智的做法是为处于人生不同阶段的人创造实习机会，邀请他们来体验你的公司和文化。实习项目最重要的是要支付报酬，很少有人能以专业身份来免费奉献时间。如果你只提供无偿的实习机会，就会把招募实习生的范围缩小，进而与那些没什么钱但能力出众的人失之交臂。拥有公平机会的人越多，整个过程的影响力就越大。

个人

如果你不属于上述任何一类角色，那也没有关系，还有一些方式可以让你参与到这场革命中来。

首先，大胆地发出你的声音，分享资源、传播信息。面对种种教育问题和困境，大家逐渐发现，原来问题并不在自己或孩子身上，而在教育系统本身。这让很多人感到相当欣慰。这些人与我分享这些想法与感受，我因此收到了无数此类信息。在此分享你的故事和信息，就是给其他更多的人递上橄榄枝。

然后，如果你还不知道自己的天赋是什么，你可以

投入时间和精力去探索，这也是参与教育变革的一种方式。我们之前说过，要从一种更新、更广的角度重新认识和理解人类的潜能和智慧，要为人类独特的天赋多样性而欢呼。因此每个人都要发现自己真正喜欢的事情，你当然也不例外。一旦你听到自己的内心呼唤并找到自己的天赋，或者你已经深知自己的天赋所在，那你可以成为一名导师，去帮助其他人发现自己的热情，鼓励他们寻找和追求自己的兴趣，推动他们最大限度地发挥自己的才能。如果没有导师，这段旅程就会相当困难。因此，你能做的最有价值的事情，就是致力于让自己过上有激情、有目标的生活，并帮助和鼓励其他人做到这一点。

集体改变习惯

我们所倡导的这场革命，要从根本上变革这个社会的运作方式。我们曾经把一些有害的行为文化视作理所当然，现在是时候清醒过来并采取行动了。这场革命关乎地球的未来，要想实现目标，我们就不能只是消极应对。

如果想要阻止全球变暖，已经有许多现成的方案和资源给我们指明方向，而且它们提倡的几乎都是相同的方式，比如，必须显著地减少温室气体排放，停止过度使用化肥，停止为耕种而破坏土地，停止为捕鱼而破坏海洋，用更清洁的能源替换化石燃料，改变我们的饮食习惯和方式。所有这些方式当中，每个人都能马上参与的就是，减少鱼类和畜牧业产品的消费。但这也是最具争议的一个话题。

有多少人说："我想看那部电影或想读那本书，但我知道，一旦我那么做，我就不得不改变习惯，所以我不确定是否要那样做。"邪恶取胜的唯一条件就是好人坐以待毙，所以我们不能继续以这种鸵鸟心态生活。如果我们少吃一些肉，就会腾出更多的土地用于再野化和种植那些对环境影响更小的作物；如果我们少吃一些鱼，就可以把更多的海洋区域划作禁捕区。

当然，要求不同文化的人都停止吃鱼和肉是不现实的。对有些地方的人来说，这些饮食习惯是其文化和宗教传统的一部分，甚至是食物和经济的主要来源。但对于有条件选择的人来说，如果尽可能地选择肉类替代品，就等于为可持续发展出了一份力。

这似乎是一个与教育革命完全无关的观点。但实际上，它们密切相关。从狭义的教育出发，我们希望为后代创造美好的未来。如果把眼光放得更广阔一些就会发现，我们和后代的未来都系于地球一身。因此我们必须积极行动，珍惜和保护地球生态。

改变从我做起

世界正在发生巨变。如同大多数的革命一样，我们所呼吁的这场革命也已经酝酿很久，并且正在加快步伐。我们知道如何让教育变得真正有效，全世界有各种各样的学校和项目每天都在做出示范。有效的教育始终要在传统与创新、严谨与自由、个人与集体、内心与外界之间求得平衡。当我们在两极之间摇摆时，一个迫切的任务就是找到平衡点。革命不仅由思想来定义，更由其影响的规模来定义。这场革命背后的思想已经存在了很长时间，而且能量渐增、进展顺利。

我们已经创造了自己所生活的世界，当然也可以重新创造这个世界。这需要勇气和想象力，好在我们每个人都不缺乏。

后　记

地球上还有其他各种生物，它们多于人类，人类不能只顾自己的利益。能否吸取这个教训并有所行动，关乎我们的未来。

想象一下，如果……

在人类的各种能力中，最受低估的是想象力。我们把它视作一种幼稚的东西，希望它尽快成熟，就算不能完全根除，也要尽力控制。我们常说某人有着“过度活跃的想象力”，以此来批评或损害其形象。我们以脚踏实地、接触现实为荣，仿佛缺乏想象力就意味着可靠与可信。然而事实并非如此。想象力不仅是我们与地球上其他生物的区别所在，更使我们现在的生活成为可能。想象力引导我们走出山洞、进入城市，用科学取代迷信。从你的座位到桌子上的笔，再到你喜欢的音乐，想象力存在于生活中的各个基本方面。室内管道、中央供暖系统和现代医学，这些都是想象力推动人类经验发展进步的例子。当然，还有贝多芬的《C 小调第五交响曲》、弗里达·卡罗（Frida Kahlo）的画作《生命万岁，西瓜》（*Viva la Vida, Watermelons*）、肯尼斯·麦克米伦（Kenneth MacMillan）的芭蕾舞剧《曼侬》（*Manon*），以及篮球运动员科比·布莱恩特（Kobe Bryant）那精彩的后仰投篮……

人类历史的所有伟大进步，都是由“想象一下，如果……”这样一句话引发的。短短几个字就蕴含着无限的可能。透过这句简单的话语，思想被点燃，世界被改变。这种形式的想象力能够促使人去质疑现状，并设计出替代方案，这就是人类社会进步和衰落的方式。从罗马帝国衰亡，到大英帝国落幕，历史一再告诉我们，没有任何文明、企业或个人是坚不可摧的。我们面临重大而复杂的挑战，为了解决这些问题，我们必须变得更有创造力。气候危机是我们与自然界脱节的结果，为了解决这个严峻的问题，我们必须采取更多行动，而不是袖手旁观、任其发展。

“想象一下，如果……”这句话的妙处在于它不是沿习性的，而是开放式的、鼓舞性的，并且具有无尽的适应性：

- 想象一下，如果我们可以控制火……
- 想象一下，如果你可以从世界的一边飞到另一边……
- 想象一下，如果我们能登陆月球……

- 想象一下，如果我们像重视数学一样重视舞蹈……
- 想象一下，如果我们有办法治疗晚期癌症……
- 想象一下，如果我们重新创建我们认为理所当然的系统，使它们能鼓励每一个人茁壮成长……
- 想象一下，如果……

没有一个人能够解决世界上的所有问题，我们面临的问题太多、太复杂，不是单一个体能够应对的。然而，这并不意味着个人应该毫无作为。如果没有那些富有激情和同情心的人采取行动，这些问题永远会在那里，甚至变得更糟。任何一场运动都始于个人，无数个体站在一起、开始行动，变化就会发生。就像作家厄休拉·勒古恩

（Ursula Le Guin）所说的那样：

> 资本主义的力量和国家权力的力量看似不可抵挡。但是记住，任何人类权力都可以被人类本身抵制和改变。

我们迫切需要的变革植根于每个人都有过上“进化”后的充实生活的权利，且培养公民具备责任感和尊重他人的意识是非常重要的。这些变革是关于重塑人类尊严、公平和公正的，对于改善人们今天的生活质量、展现我们所期盼的未来世界至关重要。这些原则其实一直都很重要，但现在比以往任何时候都更需要我们做出改变。这不仅关系到个人的生活，还关系到人类文明的特征。这是我留给所有人的一份遗产。

致 谢

本书的核心内容是父亲一生工作的成果，已经酝酿了数十年之久。然而，在撰写书稿和签署出版协议的时候，我们都未曾想到，他竟然无缘得见本书出版。因此，我必须在此郑重且抱歉地说明两件事：

首先，我要向许多人致谢，父亲也一定很希望向你们致谢，但是非常遗憾，这里无法列出你们每个人的名字。如果遗漏了您的名字，请您谅解，这绝对不是有意为之。因为父亲已经过世，我无法向他逐一确认各位的名字。

其次，父亲过世之后，我们的生活和处境非常艰难，幸得许多朋友慷慨相助，这给了我们极大的勇气和信心，使我们从悲痛之中逐渐恢复，我必须在此向你们致谢。还有一些常年支持父亲工作的人，你们贡献良多，我也在此向你们致谢。遗憾的是，我同样无法列出你们所有人的名字，否则致谢内容可能会超过本书正文的篇幅。

父亲度过了精彩的一生，拥有不朽的事业，他的经历与事业本身就可以写成一本书。如果将来我写出了那样一本书，一定会写一份比这里更全面的致谢名单。因此，我在这里只能向那些帮助制作和出版这本书的人特别致谢。

首先，我必须感谢父亲，不仅因为他写了这本书，还因为他相信我会完成续写，更因为他相信我会保证作品质量。

同样要感谢的是企鹅维京出版公司（Penguin Viking）

的团队，感谢他们在整个过程中的耐心、理解、同情和支持。感谢我的第一位编辑维多利亚·萨万（Victoria Savanh）女士，是她的耐心帮助让我对续写这本书有了信心。她反复与我碰撞想法，为每一版稿件提出准确反馈。维多利亚离职之后，格雷琴·施密德（Gretchen Schmid）女士成为我的编辑，感谢她指导我完成了对这本书最终版本的制作和设计，让它成为您现在看到的样子。

感谢企鹅英国出版公司（Penguin UK）的约瑟芬·格雷伍德（Josephine Greywoode）女士，她总是充满善意、行事妥帖，在整个过程中慷慨地与我分享专业知识。

感谢国际狮子管理公司（Global Lion Management）的查理·萨拉比扬（Charlie Sarabian）先生，他是彼得·米勒（Peter Miller）先生的好友，极富耐心地解答了我提出的数百个问题，每次我找他帮忙，他总是及时回应。

感谢出色的编辑助理索菲·布里顿（Sophie Britton）女士，她是一位拥有已出版作品的作家。在我鼓起勇气把书稿交给企鹅出版公司之前，她会认真阅读每一页书稿，并提出非常宝贵的反馈建议。对于索菲，我要特别感谢的是，在我写作期间，她帮助管理了我的日程。我当时经常忍不住预约加入一些会议，却又马上意识到自己其实无法参加，也是索菲耐心地帮我重新安排了每次会议。

我必须感谢的人还有两位，是他们让我得以维持充足的休息和合理的饮食。他们阅读并编校了本书的每一页书稿，并在我丧失信心的时候鼓励我继续前进。

感谢我美丽的母亲特蕾莎，她始终代表父亲，像北极星一样指引着我。她和父亲共同生活和工作了 44 年，她总是说，我们要尽可能地让自己觉得父亲还生活在我们身边。父亲过世之后，尽管她自己也很悲伤，但她还是每天出现在我面前，帮助和鼓励我。

感谢我的先生安东尼，在过去的几个月中，他一直是我各方面的支柱。在我写作时，他总是为我泡茶，还经常在我遇到写作障碍或者难懂的概念时陪我散步几个小时。不仅如此，他还同时维持我们在其他领域的业务正常运转。当我因为心神恍惚或者太累而不想说话的时候，他也从未抱怨。当我忙得无法顾家的时候，他竭尽全力陪伴照顾我们的女儿，使她未曾感受到家里巨大的变化。

感谢我的女儿艾德琳，她刚满 3 岁时，我因忙于写作而经常不在她身边。感谢我的继子查理，我由衷感谢你在我写作过程中带来的欢乐与爱。感谢我的婆婆珍妮特和公公罗宾，在那段时间，是你们陪两个孩子愉快玩耍。在我面临截稿日期而忙得不可开交的时候，你们还能让孩子享受到“爷爷的蛋糕”，真是个惊喜！

在本书的创作过程中，很多人付出了宝贵的时间和精力，并给予我建议和支持，我永远感谢你们每一个人：埃米尔·阿马迪（Amir Amedi），坎亚·巴拉克里希纳（Kanya Balakrishna），格雷厄姆·巴库斯（Graham Barkus），杰夫·贝索斯（Jeff Bezos），绮娜·比亚洛斯（China Bialos），赫斯顿·布鲁门塔尔（Heston Blumenthal），达米安·布拉德菲尔德（Damian Bradfield），佐伊·坎普（Zoe Camp），亚历克莎·科利斯（Alexa Collis），杰基·库珀（Jackie Cooper），梅·德莱尼（May Delaney），泰德·丁特斯密斯（Ted Dintersmith），朱莉·爱泼斯坦（Julie Epstein），海伦·哈奇斯（Helen Hatzis），戈尔迪·霍恩（Goldie Hawn），德鲁·赫德纳（Drew Herdener），肯· 赫兹（Ken Hertz），迈克尔·海因斯（Michael Hynes），拉米·克莱因曼（Rami Kleinmann），梅根·李（Megan Leigh），拉塞·莱波涅米（Lasse Leponiemi），安德鲁·曼吉诺（Andrew Mangino），乔治·蒙比奥特（George Monbiot），乔恩·波尔克（Jon Polk），詹姆斯·罗宾逊（James Robinson），帕西·萨尔伯格（Pasi Sahlberg），蒂姆·斯密特（Tim Smit），西蒙·塔夫勒（Simon Taffler）和雷切尔·沃马克（Rachel Womack）。我还要感谢令人惊叹的 Patreon 募资社区。

怀念彼得·米勒（1948—2021）

“文学雄狮”彼得·米勒担任父亲的出版经纪人长达 15 年之久。在此期间，他主持出版了父亲的以下作品，并把它们推广到多达30个国家：《让天赋自由》（*The Element*）、《发现天赋的15个训练方法》（*Finding Your Element*）、《让学校重生》（*Creative Schools*）、《什么是最好的教育》（*You, Your Child, and School*）、《让思维自由》（*Out of Our Minds*），以及这本遗著。

彼得对工作和客户充满热情，父亲过世之后，他给予了我同样的热情和承诺，成为我最有力的支持者之一。毫不夸张地说，如果没有他在我身边，我就无法写完这本书。事实上，将父亲的核心理念凝集成这本小书，正是彼得最早提出来的。

父亲已经离我而去，现在彼得也撒手人寰了，我作为这本书的续写者和最终完成者，实在很难接受这一连串悲伤的事。唯一令我感到欣慰的是，彼得读到了最后的书稿，他知道这本书很快就要正式出版。

他不仅是我们的经纪人，也是我们家的一分子。我非常荣幸能够认识他，并在写作本书的过程中受益于他的智慧和专业知识。我相信，所有接触过他的人，以及那些因他而存在的书籍，都将受益于并继续传承他的精神遗产。

译者后记

在巨变时代共创教育的未来

如果你也是 TED 大会的忠实观众，肯定不会不知道肯·罗宾逊爵士。没错，他就是那位“最受欢迎的演讲人”。2006 年，他在 TED 的演讲视频《学校扼杀创造力？》迄今已经翻译成 60 多种文字，播放超过 7 000 万次。可能本书读者之中也有不少人像我们一样，是“看着他的演讲长大”的。

事实上，在走上 TED 讲台为大众所知之前，罗宾逊爵士早就是一位备受尊敬且颇有影响力的教师和教育家。1980 年，刚满 30 岁的他出版了自己的第一本著作《探索戏剧与教育》（*Exploring Theatre and Education*）。1985 年至 1988 年，他担任“艺术走进校园”项目负责人，这个项目倡导在英国的英格兰和威尔士地区发展艺术教育，有超过 2 000 名教师、艺术家和管理人员参与。英国自第二次世界大战之后最重要的教育法令《1988 年教育改革法》就受到过这个项目的影响。

从 1989 年开始，罗宾逊爵士在英国华威大学担任教授。这期间，他还主持过一个英国国家级的教育委员会，并在 1999 年的委员会报告之中呼吁：建立一个以创意文化为重点的国家教育战略。他认为现有的公共教育体系建立在工业革命的需求基础上，只会优先考虑那些在工作场所“有用”的学科，比如数学和科学，而轻视那些“没什么用”的学科，比如文学、音乐和舞蹈。而人类社会的发展已经与 200 年前的工业革命时代大不相同，因此需要新的教育思想和范式。很明显，他对教育现状痛心疾首，希望能从国家政策的层面有所改变。

时间线再往后移动，就到了大家熟悉的 2006 年的 TED 演讲。

我们在此不厌其烦地向读者介绍罗宾逊爵士的经历和成就，不是为了说明他是一个多么厉害的人，虽然他真的很厉害，但我们更想提醒大家的是：你捧在手上的这本书，虽然篇幅短小，却是罗宾逊爵士毕生心血之作，凝聚了他几十年的思考与实践。

然而这样一位热情洋溢、关心人类命运的智者，却在 2020 年的夏天因癌症不幸去世。是的，你捧在手上的这本书，是罗宾逊爵士的遗作。

罗宾逊
谈教育的使命

IMAGINE IF

…

2020 年夏天，新型冠状病毒肺炎肆虐全球之时，我们正在一个赤道小城“避疫”，有一天突然在社交媒体资讯中看到一条消息：“肯·罗宾逊爵士因癌症去世，享年 70 岁。”我登时心里一震：“什么？不可能吧？”虽然我们早就了解罗宾逊爵士的经历、著作和主张，但此前好像从未关心过他的身体状况，总觉得他还年富力强，还可以到处演讲，还能影响更多人一起来改变教育现状。他怎么突然就去世了呢？在那个充满紧张、混乱与恐慌的时点传来他去世的消息，让我们心中那失落与难过的情绪变得更为强烈——在这种艰难的时刻，我们又失去了一位关心人类命运的智者。从那时起，我们就想，能够做点什么来纪念他呢？

2021 年的夏天，我们在法国的学习和生活刚刚暂时安顿下来，就收到湛庐文化的编辑发来的邮件，向我们推荐这本书的英文原著。快速了解书中内容之后，我们决定着手翻译。作为“看着罗宾逊爵士的演讲长大”的人，能够把他的遗作介绍给中国读者，我们深感荣幸。

我们关注教育和教育变革超过 10 年，亲身参与和倡议过多个教育项目，也曾创办自己的教育机构。这些年来，我们接触过许多教师和家长，发现在谈论教育这个永恒不衰的话题时，很多人更关注眼前的具体事务，比如考试成绩、课外培训、教学大纲、课程设计等，但很少有人从更广阔、更深远的时空去思考教育，“见树不见林”说的就是这种现象吧。

罗宾逊爵士的这本书正是想带着大家去看看整片树林。无论你是家长还是教育工作者，是学生还是早已工作的自主学习者，这本书都会为你提供一系列极其丰富多元的视角去思考教育，从人类起源到进化，从文明发展到科技进步，从脑科学到生物多样性，从工业革命到再生农业……当然，这本书还讨论了与教育相关的社会经济因素，以及教育应当帮助学习者培养的核心能力等话题。还记得我们第一次读完原著时的感叹：这才是思考和讨论教育应有的角度与高度！

现在是 2022 年年初，新型冠状病毒肺炎疫情已经持续了两年多，很多人认为我们的世界会被这次疫情划分为“前疫情时代”和“后疫情时代”。这意味着什么？借用罗宾逊爵士在这本书中的话说，这意味着“世界正在经历革命性的变化”。你准备好了吗？希望我们翻译的这本小书能够把罗宾逊爵士的思想与智慧带给大家，帮助大家在这个巨变的时代更清醒、更智慧地思考教育与未来，并积极行动起来。

最后，感谢罗宾逊爵士的千金凯特·罗宾逊女士，如果没有她的编辑整理，就不会有这本书的出版。感谢湛庐文化编辑的专业与耐心，否则这本书的中文译本也不会如此顺利地面世。感谢我们的朋友克洛艾·蓬（Chloe Poon）小姐，我们在翻译过程中多次与她讨论，收获许多宝贵意见。

最后介绍一下这本书的翻译分工。我们都是全日制学生，可以自由支配的时间有限，因此，虽然这本书的篇幅不长，但还是由两人分工合作完成。其中序言、前言和第一、二、四、六章由陈堃翻译，第三、五、七、八章和后记由诗霖翻译，陈堃还负责了整本书的校对工作。特别值得说明的是，诗霖对于书中提及的生物现象、科学实验逐一做了详细考证。尽管如此，我们呈上这部中文译本的时候仍然诚惶诚恐，担心由于自己才疏学浅，既愧对作者的苦心，也有负读者的期待。因此，祈请读者诸君不吝指正。

陈堃　诗霖

2022 年 2 月于法国巴黎

未来，属于终身学习者

我这辈子遇到的聪明人（来自各行各业的聪明人）没有不每天阅读的——没有，一个都没有。巴菲特读书之多，我读书之多，可能会让你感到吃惊。孩子们都笑话我。他们觉得我是一本长了两条腿的书。

——查理·芒格

互联网改变了信息连接的方式；指数型技术在迅速颠覆着现有的商业世界；人工智能已经开始抢占人类的工作岗位……

未来，到底需要什么样的人才？

改变命运唯一的策略是你要变成终身学习者。未来世界将不再需要单一的技能型人才，而是需要具备完善的知识结构、极强逻辑思考力和高感知力的复合型人才。优秀的人往往通过阅读建立足够强大的抽象思维能力，获得异于众人的思考和整合能力。未来，将属于终身学习者！而阅读必定和终身学习形影不离。

很多人读书，追求的是干货，寻求的是立刻行之有效的解决方案。其实这是一种留在舒适区的阅读方法。在这个充满不确定性的年代，答案不会简单地出现在书里，因为生活根本就没有标准确切的答案，你也不能期望过去的经验能解决未来的问题。

而真正的阅读，应该在书中与智者同行思考，借他们的视角看到世界的多元性，提出比答案更重要的好问题，在不确定的时代中领先起跑。

湛庐阅读 App：与最聪明的人共同进化

有人常常把成本支出的焦点放在书价上，把读完一本书当作阅读的终结。其实不然。

时间是读者付出的最大阅读成本

怎么读是读者面临的最大阅读障碍

“读书破万卷”不仅仅在“万”，更重要的是在“破”！

现在，我们构建了全新的“湛庐阅读”App。它将成为你“破万卷”的新居所。在这里：

- 不用考虑读什么，你可以便捷找到纸书、电子书、有声书和各种声音产品；
- 你可以学会怎么读，你将发现集泛读、通读、精读于一体的阅读解决方案；
- 你会与作者、译者、专家、推荐人和阅读教练相遇，他们是优质思想的发源地；
- 你会与优秀的读者和终身学习者为伍，他们对阅读和学习有着持久的热情和源源不绝的内驱力。

CHEERS

本书阅读资料包

给你便捷、高效、全面的阅读体验

本书参考资料

湛庐独家策划

- ✔ 参考文献
  为了环保、节约纸张，部分图书的参考文献以电子版方式提供
- ✔ 主题书单
  编辑精心推荐的延伸阅读书单，助你开启主题式阅读
- ✔ 图片资料
  提供部分图片的高清彩色原版大图，方便保存和分享

相关阅读服务

终身学习者必备

- ✔ 电子书
  便捷、高效，方便检索，易于携带，随时更新
- ✔ 有声书
  保护视力，随时随地，有温度、有情感地听本书
- ✔ 精读班
  2~4周，最懂这本书的人带你读完、读懂、读透这本好书
- ✔ 课　程
  课程权威专家给你开书单，带你快速浏览一个领域的知识概貌
- ✔ 讲　书
  30分钟，大咖给你讲本书，让你挑书不费劲

湛庐编辑为你独家呈现
助你更好获得书里和书外的思想和智慧，请扫码查收！

（阅读资料包的内容因书而异，最终以湛庐阅读App页面为准）

Imagine If...: Creating a Future for us all by Ken Robinson, Ph.D and Kate Robinson.

图书在版编目（CIP）数据

浙江省版权局
著作权合同登记号
图字:11-2022-107号

罗宾逊谈教育的使命 / (英) 肯·罗宾逊 (Ken Robinson), (英) 凯特·罗宾逊 (Kate Robinson) 著 ; 陈堃, 诗霖译. -- 杭州 : 浙江教育出版社, 2022.5

书名原文: Imagine If.: Creating a Future for Us All

ISBN 978-7-5722-3414-9

Ⅰ. ①罗… Ⅱ. ①肯… ②凯… ③陈… ④诗… Ⅲ. ①教育学－研究 Ⅳ. ①G40

中国版本图书馆CIP数据核字(2022)第068005号

上架指导：教育未来

罗宾逊谈教育的使命

LUOBINXUN TAN JIAOYU DE SHIMING

[英] 肯·罗宾逊（Ken Robinson）凯特·罗宾逊（Kate Robinson） 著

陈堃　诗霖　译

责任编辑： 刘晋苏

文字编辑： 周涵静

美术编辑： 韩　波

封面设计： ablackcover.com

责任校对： 李　剑

责任印务： 沈久凌

出版发行： 浙江教育出版社（杭州市天目山路 40 号　电话：0571-85170300-80928）

印　　刷： 天津中印联印务有限公司

开　　本： 880mm ×1230mm　1/32

印　　张：	6.75	**字　　数：**	94 千字
版　　次：	2022 年 5 月第 1 版	**印　　次：**	2022 年 5 月第 1 次印刷
书　　号：	ISBN 978-7-5722-3414-9	**定　　价：**	69.90 元

如发现印装质量问题，影响阅读，请致电 010-56676359 联系调换。